# 私釈 蓮如上人御一代記聞書

岡西法英

法藏館

# 私釈　蓮如上人御一代記聞書　目次

# 凡　例

一、『蓮如上人御一代記聞書』及び聖教の引用は、『浄土真宗聖典（註釈版）第二版』（本願寺出版社）によった。

二、聖教引用の後に、『浄土真宗聖典（註釈版）第二版』の頁数とともに、『真宗聖典』（真宗大谷派宗務所出版部）の頁数を併記した。

三、引用文献は、以下のように略記する。

『浄土真宗聖典（註釈版）第二版』……………………………「註釈版」

『真宗聖典』……………………………………………………「聖典」

# 私釈　蓮如上人御一代記聞書

# 『蓮如上人御一代記聞書』を読むに当たって

## 蓮如上人と『蓮如上人御一代記聞書』

蓮如上人（一四一五〜一四九九）は本願寺第八代に数えられ、浄土真宗本願寺派・真宗大谷派において、宗門中興の祖と仰がれる方である。親鸞聖人の末娘覚信尼の子孫で聖人からは十代の孫に当たる。覚信尼と存覚上人（覚如上人――第三代を称した本願寺の開創者――の長子）が数えられていないからである。本願寺第七代存如上人の長子として生まれ、諱《いみな》は兼寿であった。蓮如というのは、呼称としての坊号である。長禄元年（一四五七）四十三歳で本願寺の住職を継がれた。先代存如上人が着手していた近江の教化を進めたが、寛正六年（一四六五）、膝元を荒されているという危機感を覚えた比叡山延暦寺の僧徒によって、本願寺を破却され、近江に逃れられた。いよいよその地に教線を張るも、比叡山の圧迫は激しく、これ以上の近江滞在は門徒衆への迷惑とみた上人は、近江を去られた。

文明三年（一四七一）、新たに北陸開教を目指した上人は、越前吉崎に坊舎を建て、続々と『御文』を制作して大衆教化の実を挙げることになる。さらには、親鸞聖人著の『正信偈』『和讃』を刊行して大衆勤行を普及させ、膨大な数の六字名号をしたためて礼拝対象を庶民の暮らしの中に届け、爆発的に教線を拡大された。三年後の文明六年（一四七四）頃から、加賀における武家の争乱に門徒の一部も巻き込まれることとなり、翌文明七年（一四七五）吉崎を退去、その後、摂津・河内・和泉に布教し、文明十三年（一四八一）山城国山科において本願寺を再興された。大噴火のごとき十年間であった。

このことは、蓮如上人が日本の宗教史の中に〈庶民が主役の宗教〉を出現させたということであり、そのための教材を整備されたということである。その教材が生きる場となったのは、この時期に続々と形成されつつあった惣村を基盤に結成された〈講〉であったとみられる。そしてその〈講〉の拠点として膨大な数の〈ご坊〉が設立されて、後々の真宗寺院の発祥となっていくのである。

延徳元年（一四八九）、七十五歳にして第五男実如上人に住職を譲って隠居されたが、その後も伝道布教への熱意と行動は止むことがなかった。そして明応八年（一四九九）、八十五歳にしてついに往生の素懐を遂げられた。

『蓮如上人御一代記聞書』は蓮如上人の一代記であると同時に、上人の法語や訓戒を収録するばかりでなく、法嗣実如上人やその他身近な人々の言動も収録した語録である。本書は、二〇〇四年刊行の『浄土真宗聖典（注釈版）第二版』に拠っている。その底本になっているのは、明和三年（一七六六）に、本願寺派本願寺から刊行された三百十四箇条からなる「真宗法要」所収本である。文化八年（一八一一）に大谷派本願寺より刊行の「真宗仮名聖教」所収本の方は三百十六箇条になっており、「真宗法要」所収本とは配列順序にも違いがある。

蓮如上人没後、その言行を記録して後世に伝えようという試みは、幾人もの人々によって行われた。中でも、門弟の空善の『空善聞書』、十男実悟師の『蓮如上人御一期記』、編者不詳の仮称『昔物語記』などを底本として編纂されたのが、『蓮如上人御一代記聞書』であるという。編者が誰であるかは不明である。

『御文』は、西本願寺では江戸時代に呼称を変えて『御文章』と呼ぶようになったのだが、こちらの方は法座に参集の聴衆に朗読して聞かせるための手紙文形式の法語であり、主たる対象は文字に通じない門徒衆である点に特徴がある。異義異端を戒め、往生の正因たる信心とはいかなるものであるかを説き明かし、報謝行としての称名念仏を勧める内容である。

一方、『蓮如上人御一代記聞書』の方は、坊主身分の弟子や近親者に対して語ったことの記録であって、対象が異なっている。しかし、対象は違っても〈ただ信を獲れ〉と勧めてやまない一貫した蓮如上人の姿勢が鮮やかに映し出されているといえる。

往生の真因たる信心とはいかなるものか、それを獲得するための心がけとは何かが多角的に取り上げられてあるばかりでなく、教えを伝えようとする際の伝道者としての心構えについても多くの指針が示されている。特に聴聞のあり方についての指導助言には比類なき卓見というものが随所に見られて感嘆する他はない。

## 信ずるということ

『蓮如上人御一代記聞書』における最大のテーマは「信ずる」ということである。そしてこれに関連して、問題になるのは、「信心」という言葉、「たのむ」「まかす」という和訓である。

「信ずる」といっても、「信」は漢語であって、その漢語としての意味がわからなければ、「信ずる」の意味も不明である。だからであろう、蓮如上人の言葉には「信ずる」は意外に少ない。頻出するのは、「たのむ」である。

「浄土三部経」を見ると、「信ずる」に相当する語としては、信受、信順、信楽、信心歓喜などが見える。「信受」には「たのむ」、「信順」には「まかす」が、対応する訳語としてふさわしい。

漢和辞典を見ると、「信」は、人がものを言うことを表した字である。つまりは人が相手に言葉で発信するのが原義である。転じては、相手の言うことを受信するの意でも用いられた。それゆえ、古い時代から、「信」の字には、発信側の和訓と受信側の和訓との二種類の訓が付けられた。発信側の訓は、「まこと」「のぶ」であり、受信側の訓は「信《タノ》む」「信《マカ》す」であったという。発信者がまことをもって述べれば、受信者は、ようこそと〈たのみ〉、はい、喜んでと〈まかす〉ということである。

ところが、現代語としての「信じる」は、本当だと思うこと、確かだと思い込むこと、という意味に用いられることが多く、当人の判断、心持ちと同義のようである。そのような自己中心的な理解で浄土真宗の教えを聞いたのでは、聞けば聞くほどわけがわからなくなるはずである。布教伝道という面からみても深刻な難題である。

## たのむ

〈たのむ〉という和語は、強意の接頭語〈た〉と、受け入れるという意味の〈のむ〉が合わさってできているという。〈なびく〉〈折る〉〈はさむ〉〈はかる〉〈よる〉を、意味を強めて、〈たなびく〉〈たおる〉〈たばさむ〉〈たばかる〉〈たよる〉と言うがごときである。〈のむ〉は、相手の言い分を〈のむ〉、この子は〈のみ込み〉が良いなどと言うときの〈のむ〉である。

要するに、しっかりと受け取るというのが〈たのむ〉の原義であり、受信するという意味の「信」字の和訓として用いられたのである。しかし、親鸞聖人の時代にはすでに少し用法に変化が生じていたらしく、親鸞聖人の用語例としての〈たのむ〉はほとんどが「憑む」と表記されている。「憑む」は、よりどころと仰ぐというような意味である。信憑という熟語があるように、意味の上では大きな違いではないといえるかもしれない。

蓮如上人が書写し、愛読もされた『歎異抄』には、この〈たのむ〉が、十一回も用いられている。蓮如上人の用語の「たのむ」は、まさしくこれを受け継いだものであるといえよう。そして、これを経典の用語に照らせば、まさしく「信受」に当たるのである。

しかし、現代語としての「頼む」は、これとは全く異なる性格のもので、当人が発信者として、相手に依頼し、自らの意志を遂げようとするという意味であって、方向が逆転しているのである。「信《タノ》む」というのとはあまりにもかけ離れた、あくまでも当人中心の発想に基づいているといわねばならない。

## まかす

「まかす」もまた、「信」字の訓として用いられた和語であり、経典に出てくる「信順」に当たる。善導大師の用語の「随順」にも当たる。如来の仰せをわがためと受けとめた〈たのんだ〉上は、その仰せに喜んで従うという意味である。

しかし、現代語としての「任す」は、これとは全く異なる性格のもので、当人が上位者として、相手に命じ、自らの意志を遂げようとするという意味であって、方向が逆転しているのである。「信す」というのとはあまりにもかけ離れた意味である。

その誤解を避けようと尊敬の「お」の字を加え、「お任せする」と言ってわが身をへりくだり、如来への敬意をも表そうと試みられているのだが、〈敬いをこめて委任する〉という意味にしかとられないであろう。全く不適切といわなければならない。

なぜならば、「信順する」「まかす」とは、篤信の念仏者、因幡の源左が言い残した通り、自らが進んで「させてもらう」報恩のいとなみなのであって、如来様にしてもらうことではないからである。その点が現代語の「おまかせ」で伝わるとは思えないのである。ひとたび如来の真実を「信受」し「たのんだ」上は、生涯如来の御心に沿うよう、〈身を粉にしても報ずべし、骨をくだきても謝すべし〉と、報恩のつとめに励むことこそ、「まかせる」すがたである。この言葉は、もとは『正像末和讃』の最後の一首の中にあり、今は仏教讃歌として親しまれている。この『恩徳讃』こそは、そのまま〈おまかせの歌〉であったのである。そのことを幾重にも確認したい。

## 信心

「信心」は難解語である。膨大な仏教経典群の中にただ一箇所、『仏説無量寿経』下巻の初めに出てくる語である。如来を信ずる人間の心ではなく、わが身にかけられた阿弥陀如来の御心を信受するという意味の言葉である。いうなれば、信受仏心の略語であり、「信心」の「心」とは阿弥陀如来の至心であり真実心である。衆生の心ではない。

本願寺第三代覚如上人の『最要鈔』には、阿弥陀如来の「まことの心」「弥陀の仏心」を衆生に授けたもうたすがたであると押さえてある。「信ずる心」と読むな、人間の心の持ち方をいうのではないということである。

「要は心の持ち方次第」「ものは取りよう、考えよう」という言葉があるが、それらは所詮自力のはからいに過ぎない。そういう人間のはからいを超えた如来の真実からの呼びかけを受信せよというのである。

しかし、このようなくだくだしい説明は無用とばかり、『蓮如上人御一代記聞書』には「弥陀をたのめ」「わが心にまかすな」と示してある。

# 第一条

## 自力の念仏と他力の念仏

一　①勧修寺村《かじゅうじむら》の道徳《どうとく》、②明応《めいおう》二年正月一日に御前《ごぜん》へまゐりたるに、蓮如《れんにょ》上人仰せられ候ふ。道徳はいくつになるぞ。道徳念仏申さるべし。③自力の念仏といふは、念仏おほく申して仏に④まゐらせ、この申したる功徳《くどく》にて仏のたすけたまはんずるやうにおもうてとなふるなり。他力といふは、弥陀を⑤たのむ⑥一念のおこるとき、⑦やがて御たすけにあづかるなり。そののち念仏申すは、御たすけありたるありがたさありがたさと思ふこころをよろこびて、南無阿弥陀仏南無阿弥陀仏と申すばかりなり。されば⑧他力とは他のちからといふこころなり。この一念、臨終までとほりて往生するなりと仰せ候ふなり。（註釈版一二三一頁、聖典八五四頁）

【語　註】

①勧修寺村の道徳……蓮如上人の門弟、山科勧修寺村西念寺の開基。

②明応二年……一四九三年。蓮如上人七十九歳。道徳はさらに年上であったという。
③申さるべし……「申す」に尊敬の助動詞「る」と相応の意を表す助動詞「べし」が添えられた言い方。
④まゐらせ……進上する、捧げるなどの意。
⑤たのむ……「信む」「憑む」の意。「たのむ」は弥陀のお心を信受すること。
⑥一念……一心というに同じく、如来の仰せのままに二心なく疑いなく信受することを指し、その即時に救いが定まることをも意味する。
⑦やがて……現代の用語法とは異なり、即時に、たちどころに、という意味。
⑧他力……弥陀如来がこの私にかけてくださってある、救わずはやまぬ、という本願力。

【意　訳】

勧修寺村の道徳が、明応二年の元日、蓮如上人のもとへ新年のご挨拶に伺ったところ、上人は、「道徳は今年いくつになられたのか。道徳よ、念仏申されよ。念仏にも自力の念仏と他力の念仏がある。自力の念仏というのは、念仏を数多く称えて仏に捧げ奉り、その功績によって仏が救ってくださるように思って称えるのである。一方、他力というのは、弥陀の願いのそのままを、この我がためと受け取る信心起こるその時、即時にお救いいただくことをいうのである。その後に申す他力の念仏はお救いいただいたことを、ありがたいことだ、ありがたいことだと喜んで、南無阿弥陀仏、南無阿弥陀仏と申すばかりなのである。だから、他力とはわが力にあらず他の力、弥陀の願力あればこそという意味なのである。この一念の信心は臨終まで貫通し、浄土に往生するのである」と仰せられた。

【私　釈】

「ただ念仏して弥陀にたすけられまいらすべし」と、法然聖人から親鸞聖人に受け継がれた浄土真宗の本義、阿弥陀如来の念仏往生の誓願の本意は、弥陀の願いを信受（受け取る）して、喜びの中から念仏を申す身になって、往生成仏を遂げることにあった。「念仏申さるべし」は、釈迦一代の仏法の帰結である。その趣旨を開示して、自力を捨て離れさせ、他力によって救おうという弥陀の大慈悲の誓願は、わがためであったと信受し（たのみ）、往生決定の身となった上で、喜びの中から報謝の念仏を申すことこそ肝要と示された。「ただ信を獲れ」は上人一代のご教化の眼目であった。

# 第二条

## 信心の行者を摂取する弥陀の光明

一　①あさの御《おん》つとめに、②「いつつの不思議をとくなかに」より③「尽十方《じんじっぽう》の無礙光《むげこう》は、④無明《むみょう》のやみをてらしつつ　⑤一念歓喜《かんぎ》するひとを　⑥かならず滅度《めつど》にいたらしむ」と候ふ段のこころを⑦御法談《ごほうだん》のとき、⑧「光明遍照十方世界《こうみょうへんじょうじっぽうせかい》」の文のこころと、また⑨「月かげのいたらぬさとはなけれども　ながむるひとのこころにぞすむ」とある歌をひきよせ御法談候ふ。なかなかありがたさ申すばかりなく候ふ。上様《うえさま》御立ちの御あとにて、⑩北殿様《きたどのさま》の仰せに、夜前《やぜん》の御法談、今夜の御法談とをひきあはせて仰せ候ふ、ありがたさありがたさ是非におよばずと御掟候《ごじょうそうら》ひて、御《ご》落涙の御《おん》こと、かぎりなき御《おん》ことに候ふ。

（註釈版一二三一～一二三二頁、聖典八五五頁）

【語　註】

①あさの御つとめ……朝の勤行として正信念仏偈・和讃六首をお勤めになったこと。

②いつつの不思議をとくなかに……「いつつの不思議をとくなかに　仏法不思議にしくぞなき　仏法不思議といふことは　弥陀の弘誓《ぐぜい》になづけたり」（註釈版五八四頁、聖典四九二頁）という和讃（『高僧和讃』曇鸞讃）。

③尽十方の無碍光……これも曇鸞《どんらん》大師を讃えた和讃の一首。尽十方の無碍光とは、もとは天親《てんじん》菩薩が阿弥陀如来を讃えて呼ばれた「尽十方無碍光如来」という名に由来する名。十方すべての世界のあらゆる衆生を照らしてさまたげられることのない光である如来という意味。

④無明のやみ……真の智慧なきゆえに生老病死の現実に迷い苦しんで果てがないこと。またそれを救う弥陀の願力を疑って帰すべきところを見出せないでいるということ。

⑤一念歓喜するひと……信心の喜びを見出した人。一念は信を獲た即時に疑いの闇が晴れること、歓喜は真の喜びを得ることを表す。

⑥かならず滅度にいたらしむ……滅度は、煩悩を滅し、生死（迷い・苦しみ・空しさ）を脱するの意。

⑦御法談……ご説法・ご法話に同じ。

⑧光明遍照十方世界……『仏説観無量寿経』の中に「（阿弥陀如来の）一々の光明は、あまねく十方世界を照らし、念仏の衆生を摂取して捨てたまはず」（註釈版一〇二頁、聖典一〇五頁）という章句がある。これこそ、阿弥陀如来の本願の意を示したものとして、古来注目

されてきたものである。ことに親鸞聖人は、「摂取不捨」ということについて、「モノノニグルヲオワエトルナリ、ヒトタビトリテナガクステヌナリ」（者の逃ぐるを追わえ取るなり、一度取りて永く捨てぬなり）と注釈された。法に背き、真実に背を向け、如来から逃げることしか知らぬ悪人を目当てとして、呼びかけ続け追いかけ続けて、一度捕まえたら二度とは離さぬという弥陀の悲願の意を表された経文であると受けとめられたのである。

⑨月かげのいたらぬさとはなけれども……『観無量寿経』の経文の意を和歌に表したものとして有名なのが、法然聖人の「月影の至らぬ里はなけれども　眺むる人の心にぞす（住・澄）む」である。阿弥陀如来の摂取の光明・南無阿弥陀仏の呼び声を、夜空の月光に譬えた。摂取の光明は誰の上にも輝いている。南無阿弥陀仏の呼び声は誰の耳にも届いている。しかしながら、信心の眼《まなこ》を挙げて眺めなければ、信心の耳を開いて聞かなければ、その光は心に届かない、その声は心に響かない道理であるという趣旨の歌である。要するに、称えるより先に、どんな行より先に、弥陀の誓願の御心を受信すること、すなわち信心こそが決定的に重要だという意味の解釈を示すものである。この、経文と和歌を並べ挙げて対照しながらの、蓮如上人のご法話であったということである。

⑩北殿様……本願寺第九代実如《じつにょ》上人のこと。蓮如上人隠居後の後継者（上人の第五男）。隠居後の蓮如上人は南殿に住み、住職実如上人は北殿に住まわれた。

【意　訳】

朝の勤行で、『高僧和讃』曇鸞讃の「いつつの不思議をとくなかに」から「尽十方の無碍光は　無明のやみをてらしつつ〈一念歓喜するひと〉をかならず滅度にいたらしむ」までの六首をお勤めになり、蓮如上人はこれらのご和讃の意味についてご法話をされた際、『仏説観無量寿経』の「阿弥陀如来の光明は遍く十方世界を照らし、〈念仏の衆生〉を摂取して捨てたまわず」という経文の趣旨と、同時に法然聖人の「月影の至らぬ里はなけれども〈眺むる人〉の心にぞ澄（住）む」という歌とを引き合わせてお話になったのだが、その殊《こと》の外《ほか》のありがたさは申しようもないほどであった。蓮如上人が退出された後で、実如上人は、前夜のご法話と今夜のご法話とを重ね合わせてお味わいになり、「あまりのありがたさでまったく言いようもない」と仰せになって、涙をこぼされることとめどもないありさまであった。

【私　釈】

無礙碍光如来の光明は疑いの闇に迷う衆生を照らし、その心に届いて信心となり喜びとなる。しかも、信心を獲《え》、喜びを得た者は必ず浄土に迎え取って覚りに至らせたもうのであるという曇鸞讃の趣旨は、『観無量寿経』の「光明遍照十方世界　念仏衆生摂取不捨」の経文と符合し、同時にまた法然聖人の「月影の至らぬ里はなけれども　眺むる人の心にぞすむ」の歌の意とも一致するものである、との法話を蓮如上人がされたところ、それを聴聞した実如上人が、感激のあまりに落涙とめどなかった伝える一条である。

光明は名号に具《そな》わる徳を顕し、阿弥陀如来の智慧と慈悲のはたらきを象徴するものである。それは また、衆生の心に至り届いて、信心となり喜びとなる。しかも往生成仏の決定要因となるものでもある。

〈一念歓喜するひと〉〈念仏の衆生〉〈眺むるひと〉と、言葉の上での表現はまちまちながら、共通しているのは、このわたしにかけてくださってある阿弥陀如来の御心をようこそと信受した〈信心の行者〉を表す言葉であることであり、その信心こそが、疑いの闇を破り、覚りの世界へ引き入れる決定要因である、と示された点である。

全体に蓮如上人の法話の内容が明示されているのみならず、それを聞いた後継住職実如上人の感動ぶりを通して、その人柄までも生き生きと伝える一条である。

# 第一一条

## 勤行は聴聞であり、また報謝のいとなみでもある

一　十月二十八日①の逮夜②《たいや》にのたまはく、「正信偈和讃《しょうしんげわさん》」をよみて、仏にも聖人にもまゐら③せんとおもふか、あさましや。他宗《たしゅう》にはつとめ④をもして回向⑤《えこう》するなり。御一流⑥《ごいちりゅう》には他力信心をよくしれとおぼしめして、聖人の和讃にそのこころをあそばされたり。ことに七高《しちこう》祖《そ》の御《ご》ねんごろなる御釈《おんしゃく》のこころを、和讃にききつくる⑦やうにあそばされて、その恩をよくよく存知して、あらたふとやと念仏するは、仏恩の御ことを聖人の御前《ごぜん》にてよろこびまうすこころなりと、くれぐれ仰せられ候ひき。

（註釈版一二三五頁、聖典八五六頁）

【語　註】

①十月二十八日……（旧暦）十一月二十八日は親鸞聖人のご命日《めいにち》。その前月命日。

②逮夜……日没とも呼ぶ。午後の法要時間帯。ここでは、ご命日前日二十七日の午後の法要を指していう。ご命日法要は、二十七日逮夜・初夜、二十八日晨朝・日中（午前後半の法

要）と、四座にわたって勤められる習わしである。

③まゐらせん……勤行の功徳を差し上げる、献上しようという思いを指す。これは自力の回向心に当たる。別条に、「仏法にはまゐらせ心わろし」（註釈版一二七四頁、聖典八七九頁）とある。

④つとめ……読経・勤行を行うこと。

⑤回向……回転趣向《えてんしゅこう》（方向転換）の義とされる。自分の積んだ功徳を何かのために振り向け届けること。これは自力の回向と呼ばれる。他力の回向とは、如来から真実功徳を届け施し与えてくださることをいい、回施ともいう。

⑥御一流……親鸞聖人以来、本願寺に伝承されてきた浄土真宗のこと。

⑦ききつくる……聞き付ける。注意深く聞いて、心に刻みつけること。

【意　訳】

親鸞聖人のご命日、十月二十八日の逮夜（前日、二十七日午後の）法要の際に上人は仰った。「『正信偈』『和讃』をお勤めして、阿弥陀仏や親鸞聖人にその功徳を献上するつもりでいるなら、浅ましいことである。確かに他宗では勤行するなどして、誰かのためにその功徳を届けようと回向するのである。しかし浄土真宗においては、他力の信心の内容をよく知るようにとお思いになって、聖人は『和讃』にその意趣をお示しになっている。特に七高僧の懇切な御釈の趣旨を、『高僧和讃』には、注意深く聞いて心に刻みつけることのできるようにお示しになってある。その恩をよくよく承知して〈ああ、何と尊いことだ〉と念仏することは、仏恩の深いことを聖人の御前で喜ばせていただくという趣旨である」と、かえすがえす念入りに仰せになった。

## 【私　釈】

毎月の親鸞聖人のご命日法要は、本願寺における大切な恒例行事である。旧暦十一月二十八日（新暦では明けて一月の十六日）は、まさしく年に一度の祥月命日である。八日前の逮夜法要から始まって当日の日中法要まで七昼夜にわたる法要、「報恩講」が営まれる慣例である。

その報恩講を来月に控えた前月のご命日法要の、最初のお勤めである二十七日午後の法要の後、お勤めをすることの意義についてのご法話をなさったのである。

疑心自力のはからいは、わたしの方から如来さまに、聖人に、お浄土の方に、という発想となってはたらく。まいらせよう、献上しようという発想は、疑心自力のはからいそのものであると戒められた。

他力の信心とは、阿弥陀如来なればこそ、このわたしのために、このわたしに、このわたしをと、阿弥陀如来の慈悲を聞き取り受け止めることであって、方向が逆であるとお示しになったことを伝える一条である。「喜ばせていただく」は、他力の信心・他力の念仏の本質を顕す表現であると知ることができる。疑いを離れられず、不安を抱くがゆえにこそ献上心がはたらき、祈らずにいられないのである、と言い当ててある。

報恩講は、宗祖親鸞聖人の遺徳を偲ぶことが主旨の法要であり、行事であるが、それは同時に、親鸞聖人の行跡や教えを通して、阿弥陀如来の大悲の恩徳を確かに自分の身の上に受け取るためのものであって、こちらから捧げものをするためなどではないと、念を押されたということである。

# 第二条

## 教義的知識ではなく、弥陀をたのむ信心こそ肝要

一　①聖教《しょうぎょう》をよくおぼえたりとも、②他力の③安心《あんじん》を④しかと⑤決定《けつじょう》なくは⑥いたづらごとなり。弥陀を⑦たのむ⑧ところにて⑨往生決定と⑩信じて、⑪ふたごころなく臨終まで⑫とほり候はば⑬往生すべきなり。

（註釈版一二三五頁、聖典八五六頁）

**【語　註】**

①聖教……釈迦・七高僧・親鸞聖人の教説や本願寺歴代住職の著作をいう。

②他力……阿弥陀如来からこのわたしたちへのはたらきかけ。

③安心……信心を指す。安心（信心）・起行（称名）・作業（広く報謝のいとなみをいう）ということを説かれたのは善導《ぜんどう》大師。わたしたちの側の受け止めを表す。

④しかと……しっかりと。

⑤決定……決定心ともいう。阿弥陀如来はこの私を必ず往生させてくださると受け止めてゆるぎな

いすがたを指していう。猶予、躊躇のない態度。
⑥いたづらごと……「徒ら事」とも書く。無駄事・無意味な事・空しい事の意。
⑦たのむ……〈信む〉あるいは〈憑む〉と書くべきところ。わが身にかけてくださってある阿弥陀如来の、救わずにはおかぬとの願心を、しっかりと信受（受け取る）すること。
⑧ところにて……その時に、即時に、同時にということ。
⑨往生決定……往生治定、往生一定という場合もある。意味はほぼ同じ。
⑩信じて……信受して、受け止めて、ということ。たのむに同じ。
⑪ふたごころなく……二心なく、疑いも躊躇もなく、仰せのままにということ。
⑫とほり候はば……一貫しているならば。
⑬往生すべきなり……間違いなく往生できる。

**【意　訳】**

浄土真宗の典籍をよく習い憶えたとしても、阿弥陀如来なればこそ、このわたしを救わずにはおかぬと願い、南無阿弥陀仏と称えよと呼びかけ続けていてくださるのだという他力の信心をしっかりと受け取って、猶予躊躇のない身となっていないならば、どれほどの学識も無意味である。

阿弥陀如来のおまことを信受した立ちどころに、すでに往生は決定済みであると受け止めて、疑いも二心もない身となって、臨終の時まで一貫して変わらないならば、間違いなく安楽浄土に往生することができるのである。（このように蓮如上人は仰せられた）。

**【私 釈】**

最初の「聖教をよくおぼえたりとも、他力の安心をしかと決定なくはいたづらごとなり」という言葉は、『御文章』五帖目第二通の「八万の法蔵をしるといふとも、後世をしらざる人を愚者とす。たとひ一文不知の尼入道なりといふとも、後世をしるを智者とすといへり」（註釈版一一九〇頁、聖典八三三頁）という章句と趣旨は全く同じである。

他力の安心というのも、決定というのも、たのむというのも、信じてというのも、ふた心なしというのも、みなすべて、信心の特徴を示す言葉である。

信心とは「弥陀の仏心を信受・受信する」ということ。如来を信ずるわが心ということではなく、「まことの心」と読ませて信受仏心の意を表すというのが、覚如上人の『最要鈔』に示された親鸞聖人以来の伝承である。安心とは、怪しげな凡夫の思い込みではなく、大いなる如来の御心を信受した安心と喜びであることを示す言葉である。

昔の人たちは、信ずることを「御法を喜ぶ」「お慈悲を喜ぶ」「お念仏を喜ぶ」と言い習わした。『仏説無量寿経』に「信楽《しんぎょう》」といい、「信心歓喜」「歓喜愛楽《あいぎょう》」といってある通りである。喜びは安心の表れである。

ここでは、あえて幾重にも同じ意味の言葉を重ねて、このわが身にかけられた阿弥陀如来の本願、この我を呼びたもう南無阿弥陀仏の名号であると信受せよと勧められるのである。その中で、信ずるとはわが身の救いを信ずるのであり、その信心は阿弥陀如来の真実心から届けられたものであるから、信心定まるとき往生も同時に定まるという道理を示し、信心を安心と呼ぶ所以をも明らかにしてくださってある。

# 第一五条

## 信心とは救いの喜び、報謝の念仏はそこから生まれる

一　仰せに、①弥陀をたのみて②御《おん》たすけを③決定《けつじょう》して、御たすけのありがたさよとよろこぶこころあれば、そのうれしさに念仏申す④ばかりなり。すなはち⑤仏恩《ぶっとん》⑥報謝《ほうしゃ》なり。

（註釈版一二三六～一二三七頁、聖典八五七頁）

【語　註】

①弥陀をたのみ……〈信《たの》む〉〈憑《たの》む〉。弥陀の願心を信受し、よりどころと仰ぐこと。阿弥陀如来の救いを疑いもなく信じて喜ぶこと。

②御たすけ……わが身の往生浄土を信じて、今から喜ぶ身となること。

③決定……決定心ともいう。信心が定まって、わが身の往生を疑いないと思うこと。作得生想《さとくしょうそう》（得生の想いをなす）とも、決定要期《けつじょうようご》（決定して要期す）ともいう。阿弥陀如来なればこそこのわたしをと、受け止めてゆるぎないすがたを指していう。猶予、躊躇のな

い態度。

④ばかりなり……本人のはからいを超えた如来の願力のなせるわざということ。

⑤仏恩……如来大悲の恩徳というに同じ。救い主弥陀の大悲と教え主釈迦の恩徳。弥陀の大悲の誓願とそれを説き勧めてくださった釈迦の教説を指していう。

⑥報謝……報恩謝徳とも、知恩報徳ともいう。如来の大慈悲を信知し、それに応え報いる行動をとり、生き方をすること。天親菩薩は「世尊、我一心帰命尽十方無礙光如来　願生安楽国」と信心の喜びを釈迦牟尼世尊に報告された。その意は、「このみ教えを説き残してくださった釈迦世尊に申し上げます。あなたの仰せをこうむりましたこのわたしは、あなたの仰せの通りに、尽十方無礙光如来（阿弥陀如来）の勅命に帰依随順し、その安楽浄土に往生させていただくことを喜びとして生涯を歩ませていただきます」ということである。このすがたを曇鸞大師は「知恩報徳」の念を表白されたものであると注釈された。さらにこれを承けて、善導大師は、「自信教人信　難中転更難　大悲伝普化　真成報仏恩」と示された。その意味は、「自らが弥陀の救いを信じ、人にも勧めて信じさせることは、凡夫の力でかなうことではないが、弥陀大悲の願力あるゆえに、信の喜びは自ずから人から人へと伝わり広まるのであって、この自信教人信の展開こそが、真に仏恩報謝となるのである」ということである。親鸞聖人もまたこれにならい、知恩報徳のためにと、『正信念仏偈』を作って如来大悲の恩徳を讃え、師主知識

の遺徳に応えようとなさったのである。これらの伝統を踏まえた上で、信の上の称名こそは仏恩報謝であると心得よ、との蓮如上人の仰せがあったのである。

**【意　訳】**

蓮如上人は仰せられた。「阿弥陀如来の救いを疑いもなく信じて、往生は間違いないとこころ定まった上は、如来のお救いのありがたいことよと喜ぶ心があるゆえに、そのうれしさに南無阿弥陀仏と称名念仏を申すのは、凡夫のはからいを超えた如来の願力のもよおしであり、それがそのまま仏恩報謝のすがたである」と。

**【私　釈】**

「われ汝を救わん。わが誓いを信ぜよ、南無阿弥陀仏と称えよ」との阿弥陀如来の仰せは、〈ほかならぬこのわたしへの仰せであった〉と受け止めることが、「弥陀をたのむ」ということである。それが弥陀を信ずるということであり、わが身の往生を疑わぬすがたである。

阿弥陀如来の救いを受信するのであって、信ずれば救われるというのではない。もとより、このわたしを救わずにはおかぬと発信してくださっている阿弥陀如来だったのである。そのことを知らせていただき、受け取らせていただくばかりである。〈信じたら〉という条件つきの仮定や想定の上の救いではないのである。〈必ず救うから信ぜよ〉なのである。

わが身の往生を疑わぬ信を得た上から申す念仏は、安心と喜びの発露であって、往生のための功徳の積み立てでも、祈願陳情の行為でもない。このうれしさを如来に報告感謝し、人にも伝えて共に浄土に往生を遂げるなら、誰よりも弥陀如来が喜んでくださるはずであり、そのままが真の仏恩報謝となるという道理であることを示してある。

自己中心的な人間の論理としての感謝の心ではなく、阿弥陀如来の十方衆生を南無阿弥陀仏で漏らさず救おうという大悲の本願の御こころを、わが身の上に受け取れているかどうか、そのみ心に沿っているか、かなっているか、が問題とされている点に留意したい。

# 第一八条

## 信心を獲た上は懈怠するとも
## 御たすけは治定

一　仰せに、ときどき懈怠《けだい》①することあるとき、往生すまじきかと疑ひ②なげく③ものあるべし。しかれども、もはや弥陀如来をひとたびたのみ④まゐらせて往生決定《おうじょうけつじょう》⑤ののちなれば、懈怠⑥おほくなることのあさましや。かかる懈怠おほくなるものなれども、御たすけ⑦は治定《じじょう》なり。ありがたやありがたや⑧とよろこぶこころを、他力大行《たりきだいぎょう》⑨の催促《さいそく》⑩なりと申すと仰せられ候ふなり。

（註釈版一二三七～一二三八頁、聖典八五八頁）

**【語　註】**

①懈怠……怠りなまけること。

②疑ひ……これは虚偽であると判断することではなく、猶予・躊躇して決断できないことを意味する。己の裁量能力を超えた大いなる真実の前に戸惑って、ぐずぐずと受容できないでいるすがた。

③なげく……こんなことでは往生できないであろうと嘆く。
④たのみまゐらせ……「信《たの》む」と「まいらす」が連結した語。信じさせていただく、信じ申し上げるの意。
⑤往生決定……往生はすでに決定済みであること、またそのように明確に受け止めたこと。
⑥懈怠おほくなるもの……懈怠すること多い性質の者。
⑦御たすけは治定なり……如来真実の力によって往生を遂げさせてくださることは確定しているということ。
⑧よろこぶこころ……衆生がありがたやと喜ぶことに含まれる意義は、ということ。
⑨他力大行……他力とは、弥陀如来から被る利他力のこと。大行とは、広大無辺なる弥陀如来からのおはたらき。またそれによって念仏申させていただくこと。
⑩催促なりと申す……弥陀如来からのはたらきかけ、うながし、もよおしであると先人たちは言い習わしてきたところである、ということ。

【意　訳】

蓮如上人は仰せられた。時として大切だと心得たことでも、怠りなまけることがあると、こんなことでは往生などできないのではないかと疑い嘆く者もあるだろう。

しかしながら、もうすでにひとたび、弥陀こそ我が救い主と、その真心を信受して往生決定の身となった上でのことであるからには、わが身は懈怠することが多い性分の者であり、お恥かしいことである、しかしこのような者であっても、弥陀如来がその真実の力によって往生を遂げさせてくださることは間違いないのだと心得て、ありがたいことだ、ありがたいことだと喜ぶことは、弥陀如来の他力のうながしによるものであるといわれてきたところである。このように蓮如上人は仰せになったことである。

## 【私釈】

「ねてもさめてもへだてなく　南無阿弥陀仏をとなふべし」（註釈版六〇九頁、聖典五〇五頁）とお勧めになり、「身を粉にしても報ずべし　ほねをくだきても謝すべし」（『正像末和讃』註釈版六一〇頁、聖典五〇五頁）と仰せられた親鸞聖人の導きを思えば、懈怠多きは凡夫のつねというべきであろう。しかし、勇猛ならず精進おろそかであろうとも、ひとたび信を獲た上は、往生決定済みである。その上でなお、わが身の往生を疑うことは、弥陀の願力を疑い、釈迦の真説を疑うことに他ならない。この通りのわが身であることは五劫の思惟でお見通しの上の救いのお約束であったかと仰ぎ、ありがたやと喜ぶことまでも弥陀願力の御もよおし、ご催促であったと知れ、との仰せである。

前出の第一五条とこの第一八条に共通するのは、信心とは〈如来の真実心を喜ぶこと〉であるとの押さえである。しかし、このよろこぶは、一般通念としての喜ぶとは異質のものをはらんでいるといわねばならない。

親鸞聖人は、自ら「悲しきかな（中略）定聚の数に入ることを喜ばず、真証の証に近づくことを快しまざることを、恥づべし傷むべし」（『顕浄土真実教行証文類』信巻末、逆謗摂取釈、註釈版二六六頁、聖典二五一頁）と告白された。

また、「天にをどり地にをどるほどによろこぶべきことをよろこばぬにて、いよいよ往生は一定とおもひたまふなり。（中略）仏かねてしろしめして、煩悩具足の凡夫と仰せられたることなれば、他力の悲願はかくのごとし、われらがためなりけりとしられて、いよいよたのもしくおぼゆるなり」（『歎異抄』第九条、註釈版八三六～八七三頁、聖典六二九頁）と語り残された。

煩悩みちみちた私たちの心は、世俗的な幸運は喜べても、いつも素直には如来の真実を喜んでくれない。身も心も〈懈怠多い〉私たちなのである。いつも〈うれしや〉ではいられない。しかしそんな者であることはすでにお見通しの上での、南無阿弥陀仏の、信心を与えて救おうという悲願であったことを知るときこそ、〈お恥ずかしや〉〈ありがたや〉というより深い喜びに遇うことができるのだ、という認識が言葉の奥にあるということができよう。

煩悩による望みがかなって喜ぶ〈よろこび〉と、信心の同義語としての〈よろこび〉には、本質的な違いがあるということであろう。『歎異抄』第九条では、「いよいよたのもしくおぼゆる」と言い、今、蓮如上人においては、「ありがたやありがたや」の「ご催促」という言葉で、信心の喜びを示してある。

# 第一九条

## 現生の救い正定聚と後生の成仏

一　①御《おん》たすけありたることのありがたさよと念仏申すべく候ふや、また②御たすけあらうずることのありがたさよと念仏申すべく候ふやと、申しあげ候ふとき、仰せに、いづれもよし。ただし正定聚《しょうじょうじゅ》のかたは御たすけありたるとよろこぶこころ、③滅度《めつど》のさとりの④かたは御たすけ⑤あらうずることのありがたさよと申すこころなり。いづれも仏に成ることをよろこぶこころ、よしと仰せ候ふなり。

（註釈版一一三八頁、聖典八五八頁）

【語　註】

①御たすけありたること……（一念発起入正定之聚）すでに信を獲て大いなる喜びを得たこと。往生決定の身となり、正定聚の位に在ること。

②御たすけあらうずること……（必至滅度）将来は必ず浄土に往生して仏となり、衆生救済の力を得させていただくこと。

③滅度……煩悩を滅除し、生死の迷いと苦を度脱すること、即ち覚りを得て成仏すること。

④かた……方、方面。

⑤あらうずる……「ありたる」は、すでに得たもの。それに対して「あらうずる」は、これから得るであろうもの。すでに得た信心について喜ぶことは〈慶喜《きょうき》〉、これから得るであろう成仏について喜ぶことは〈歓喜《かんぎ》〉と親鸞聖人も用語を使い分けていらっしゃるところである。

【意　訳】

「すでにお救いいただいたことのありがたさよと念仏するのがよいのでしょうか、それとも、きっとお救いくださるに違いないことのありがたさよと念仏するのがよいのでしょうか」とお尋ねしたところ、蓮如上人は、「どちらもそれでよい。というのは、正定聚の利益の方は、すでに信を獲てお救いいただいたと喜ぶという意味であり、すでに信を獲た上は必ず浄土に往生を遂げて覚りを開くという滅度の利益の方は、必ずお救いくださるに違いない、ありがたいことだと喜ぶという意味である。いずれにしてもこの凡夫が仏になることを喜ぶということであって、どちらも、それでよいのである」との仰せであった。

【私　釈】

救いということには二重性がある。まずは、〈わが身が迷いと苦悩を離れさせていただく〉ことが救いである。しかし必ずその後に続くのは、〈いや、単に自分だけが迷いと苦悩を離れるのでは真の救いとはいえない、他の迷い苦しむ者をも救える身になるのでなければ〉ということである。これが、「住正定聚必至滅度」という弥陀の誓い、第十一願に示された究極の救い（利益）である。思うに、救いを救いと感じ喜ぶのは、現に迷い苦しむ者なればこその感受性であって、その意味の救いはあくまでも現世のただ中に開かれるのでなければならない。これが一念（信心）発起入正定之聚の救い（信心定まる時、浄土往生も同時に定まる）、現世の利益である。その現世の利益正定聚に因の形で必至滅度の果は収まっている。逆にまた、後生の利益必至滅度の果の中に一念（信心）発起入正定之聚の因は収まっている道理である。

それゆえに、「どちらでもよい」のではなく、「どちらもよい」と示されたわけなのなのである。両方揃っていてこその真の救いであるということであろう。現当二世（現在と当来の二重）の救いといわれてきた所以である。

現生のうちに信心を獲させて、如何なる苦悩をも踏み越える勇気と、安らぎと喜びを授け（第十八願、至心信楽の願の意）、後生には浄土に往生させ、滅度成仏させて一切衆生の救い主とならせよう（第十一願、必至滅度の願の意）という、阿弥陀如来の誓願は底無しに深い。

それは、我々衆生が襲い来る苦悩におびえ、自らを見誤って、〈自分さえよければ〉というエゴイズムの殻に閉じ籠もりがちなことを見抜いた上で、しかもその奥には、他の存在を見捨てては成り立ち得ない止みがたい欲求、仏性とも如来蔵とも呼ばれる願いを秘めていることを見通しての誓願である。一切衆生が内包している願いを花開かせようという親心の顕現でもあるのである。それゆえ、『仏説無量寿経』に説かれた阿弥陀仏の第二十二願（還相回向の願）には、「本願」「弘誓」という言葉を、浄土に往生して菩薩となった者たちが浄土往生以前から抱いていた衆生救済への願いという意味で用いてあるのである。まことに、衆生の無明煩悩の心をもってしては不可思議としか言いようのないものが阿弥陀如来の大誓願なのである。

# 第三一条

## 勤行や念仏は往生のための種まきではなく、報謝のいとなみ

一　のたまはく、朝夕《ちょうせき》、「正信偈和讃《しょうしんげわさん》」にて念仏申すは、往生①のたねになるべきかなるまじきかと、おのおの坊主②に御たづねあり。皆申されけるは、往生のたねになるべしと申したる人もあり、往生のたねにはなるまじきといふ人もありけるとき、仰せに、いづれもわろし、「正信偈和讃」は、衆生《しゅじょう》の弥陀如来を一③念にたのみまゐらせて、後生④《ごしょう》たすかりまうせとのこと⑤わりをあそば⑥されたり。よくききわけて信⑦をとりて、ありがたやありがたやと聖人の御前《ごぜん》にてよろこぶことなりと、くれぐれ仰せ候ふなり。

（註釈版一二四二頁、聖典八六〇～八六一頁）

【語　註】

①往生のたね……往生の真因、往生の正因。

②坊主……僧・尼僧とは異なり、出家・学問・修行の有無をいわず、非僧非俗を称された親鸞聖人にならう在家止住の門徒のうち、坊と称する道場の主たる者たち。ちなみにいえば、

真宗の僧侶という言い方は、徳川幕府の通達に真宗の坊主たちも他宗の僧侶と同様の身分と見なすとあったことから派生した仮称。

③一念にたのみまゐらせ……一念には、信を獲ると同時（即）に往生が定まるという時間的な釈と、一心（無二心・無疑心）に弥陀に帰命するという様相的な釈とがある。今は当面には後者。「たのむ」は信という字の訓、しっかり受け取る・受信するが原意。転じては、拠り所と仰ぐの意。「まゐらせ」はさせていただくの意。

④後生たすかりまうせ……後生とは浄土往生の意。後生疑いなしと安堵させていただきなさい、ということ。

⑤ことわり……道理、すじみち。

⑥あそばされたり……書き表してくださったのである。

⑦信をとりて……「とりて」の「とる」は獲得の意。仏教・仏語を通して仏意・仏願・仏心を受信すること、受け取ること。

**【意　訳】**

蓮如上人は仰せられた。「朝夕に『正信偈』『和讃』を称える中で、〈南無阿弥陀仏〉と念仏することは往生の因となると思うか、それともならないと思うか」と。坊主たち一人ひとりにお尋ねになった。これに対して、往生の因になるはずですと言う者もおり、往生の因にはならないでしょうと言う人もあった中で、「どちらの答えも悪い。『正信偈』『和讃』は、衆生が弥陀如来をはからいもなく信じて、往生疑いなしと安堵させていただくようにと、その救いの道理を書き表してくださったものである。肝心なことは、その道理をよく聞き分けて如来のお心を受け取り、ありがたやありがたやと親鸞聖人の御前で喜ばせていただくことなのである、と繰り返し仰せになったことである。

【私　釈】

「正信念仏偈」「和讃」「念仏」などの勤行は、こちらから如来・聖人への発信でもなければ献上物でもない。逆に如来・聖人からの「たすかってくれよ」とのお諭しであり、授かり物である。そのお心を受信させていただいて、ありがたいことでございますと御前で喜びを表すいとなみであると心得よ、との再三の説示であったという。往生の因は信心一つに限る。「正信偈」「和讃」は、その信を獲れとのお勧めの言葉である。それをよく聞き分けて、信を獲り、聖人の御前で報謝の勤行をする身となれとの説示である。

# 第三三条

## 念仏を称えるは、功徳を積むためではなく報謝のいとなみ

一　南無阿弥陀仏①の六字《ろくじ》を、他宗《たしゅう》には大善大功徳《だいぜんだいくどく》②にてあるあひだ、となへてこの功徳《くどく》をわがものにするなり。一流《いちりゅう》にはさなし。諸仏③・菩薩《ぼさつ》・諸天《しょてん》にまゐらせて、その功徳をわがものがほにするなり④。この六字の名号《みょうごう》わがものにてありてこそ、となへて仏・菩薩にまゐらすべけれ⑤。一念一心⑥に後生《ごしょう》⑦たすけたまへとたのめば⑧、やがて御たすけにあづかることのありがたさありがたさと申すばかりなりと仰せ候ふなり⑨。

〈註釈版一二四二～一二四三頁、聖典八六一頁〉

**【語　註】**

①南無阿弥陀仏の六字……善導大師の六字釈を承けての言い方。元来、『経』には、名声とも、名号とも、単に名ともいう。釈尊の時代、インドでは文字はまだ一般には使われていなかったからである。六字という言い方は、〈文字の国中国〉的な言い方である。

②大善大功徳……『阿弥陀経』の「少善根福徳の因縁をもつては、かの国に生ずることを得べから

ず」（註釈版一二四頁、聖典一二九頁）を承けた言い方。衆生自力の善根功徳では往生できない。弥陀の名号を称えることこそが往生の業因となりうる大善根・大功徳である、と示す言葉。

③諸仏・菩薩・諸天に……世にいう「神様・仏様に」に同じ。己の願望をかなえる力あるものなら何にでもこびへつらう、利己主義的発想を表す言葉。

④まゐらせて……捧げ、進呈、献上して、という意味。自力のはからいのさまを表す。

⑤わがものがほ……自分の手柄ででもあるかのごとく、ということ。自力心を表す。

⑥一念一心……一念は即一心であるとの同義性を示した語。

⑦後生たすけたまへ……命令・懇願の表明ではなく、受容・歓迎すなわち信受・歓喜の意を表す表現。「ようこそ後生をおたすけくださいます。ありがとうございます」の意。

⑧たのめば……信受（受信）すれば、信憑すればの意。

⑨やがて……頓速に、即時に、の意。現代の用法とは異なる。

**【意　訳】**

「南無阿弥陀仏の六字の名号を、他宗においては、広大な善根功徳がそなわったものであるからと、これを称えて、その功徳を諸仏・諸菩薩・諸天（神）に捧げ奉り、自分の功績・手柄と見なすのである。しかし、親鸞聖人の浄土真宗においてはそうではない。この六字の名号が、己の生み出したもの、己の徳行として称えるという性質のものであってこそ、これを称えて仏にも菩薩にも捧げ奉るということはあり得ようが、もとより、そうではないからである。（阿弥陀如来が無善無功徳のわれらを救おうと、その真実の大善も大功徳も南無阿弥陀仏の六字に込めて届けてくださったことを聞き）弥陀なればこそ、ようこそこの無善造悪のわれの後生をおたすけくださるのだと、疑いも二心もなく受け取り信ずる即時に、お救いにあずかるそのことを、ありがたいことだありがたいことだと喜んで、称えさせていただくばかりなのである」と、このように蓮如上人は仰せになった。

【私　釈】

全体の趣旨は前条に同じ。勤行や、称名念仏における自力のまいらせ心（献上的発想）を戒め、他力の知恩報徳のいとなみとしての勤行であり称名念仏であることを明らかにしたものである。

虚仮不実なる私の方から如来に捧げるというのは、自力のはからいであり、身の程を知らぬ傲慢である。人の心を超えた大いなる真実たる如来から、罪深く愚かなこの私に届けられ授けられた名号を、〈ようこそ南無阿弥陀仏〉といただくのが他力の信心。そのことがくっきりと受け取れるように示されてある。

念仏を功徳善根の積み立てと心得、祈りの行と見なす世間の通念との違いを浮き立たせる言い方である。

# 第三五条

## 罪を問わずに信心の有無こそ問うべき

一　①順誓《じゅんせい》申しあげられ候ふ。②一念発起《いちねんほっき》のところにて、③罪みな消滅して正定聚不退《しょうじょうじゅふたい》の位《くらい》に定まると、④御文にあそばされたり。しかるに罪はいのちのあるあひだ、罪もあるべしと仰せ候ふ。御文《おふみ》と別にきこえまうし候ふやと、申しあげ候ふとき、仰せに、一念のところにて罪みな消えてとあるは、一念の⑤信力にて往生定まるときは、罪はさはりともならず、されば⑥無き分なり。命の娑婆《しゃば》にあらんかぎりは、罪は尽きざるなり。順誓は、はや悟りて罪はなきかや。聖教には「一念のところにて罪消えて」とあるなりと仰せられ候ふ。罪のあるなしの沙汰をせんよりは、⑦信心を取りたるか取らざるかの⑧沙汰を⑨いくたびもいくたびもよし。罪消えて御たすけあらんとも、罪消えずして御たすけあるべしとも、弥陀の御はからひなり、⑩われとしてはからふべからず。ただ信心《しんじん》肝要なりと、くれぐれ仰せられ候ふなり。

（註釈版一二四三～一二四四頁、聖典八六一～八六二頁）

【語　註】

①順誓……法敬坊順誓のこと。蓮如上人の信頼厚い側近の弟子。上人より六歳年少。上人が住職継職前の宝徳年間から近侍し、上人滅後十一年の九十歳まで生きた。子弟や弟子たちの間でも敬意を払われたらしく、本書においても敬語が用いられている。石川県金沢市五宝町照円寺の開基。

②一念発起のところ……信心を獲たその即時に、同時にということ。

③罪……罪悪ともいう。罪障・悪業ともいう。悪も罪も同義に用いる場合がある。十悪（殺生・偸盗・邪淫・悪口・両舌・妄語・綺語・貪欲・瞋恚・愚痴）はすなわち十罪でもある。しかし、罪は罰に対し、悪は善に対する語であって、罪が罰としての苦を招くという結果を想定していうのに対して、悪はその性質が法に背くという点に注目した見方である。親鸞聖人の用語法においては、罪は本願真実を疑惑するという一点に集約して用いられてある。いかなる悪人をも救う弥陀の本願であるが、これを疑う者だけは救いようがない点に注目されたからであろう。ここでは、罪と悪を区別せずに、両方を罪の語に収めて扱い、信あるならば、その信にそなわる弥陀の願力によって罪はないも同然という救いにあずかるが、信なければ因果応報の報いは免れぬ道理と示し、ただ信心こそ肝要と結んである。法然聖人の指南は「信疑決判」（信ずるか疑うかで救いの可否が判決される）と伝えられ、『正信偈』にも「決するに疑情をもつて所止と

す〈決以疑情為所止〉（疑いこそ足かせ）」、「かならず信心をもつて能入とす〈必以信心為能入〉（信心こそが通入路）」（註釈版二〇七頁、聖典二〇七頁）と示されてある。疑惑・疑情とは何か、本書では、「罪のあるなしの沙汰をする」こと、すなわち自力のはからいを指すのだと示唆し、罪の有無を問わず、御たすけは「弥陀の御はからひなり、われとしてはからふべからず。ただ信心肝要なり」と示す。

④御文……蓮如上人が真宗の教えの要を手紙の形で著されたもの。本願寺派においては、江戸時代以降『ご文章』と尊称している。

⑤信力……信心となって届いている弥陀の願力、すなわち他力。

⑥無き分……分は分際の義、ないのも同然の分際ということ。

⑦信心を取り……本来は「獲る」。「取る」は、編者の恣意による用字。

⑧沙汰……点検、検討の意。

⑨いくたびもよし……何度もするのがよい、の意。

⑩われとして……自分の方で。

**【意　訳】**

法敬坊順誓が申し上げられた。「信心起こるその時、同時に、罪みな消滅して正定聚不退の位（往生成仏確定の身）に定まる」と、『御文』にお示しになっておられます。けれども、ただ今上人は、命のある限りは罪はなくならないとも仰せになりました。今のお言葉は、『御文』のお示しとは違うようにも聞こえますが、これはどう心得たらよろしいのでしょうか」と申し上げた。すると上人は、「信心を獲た即時に罪はすべて消滅するというのは、信心となって届いてくださっている弥陀の願力すなわち他力によって往生が定まった上は、罪があってももはや往生のさまたげにはならないのである。だから罪はないのも同然だということである。しかし、この世に命ある限りは、罪作りは尽きない。順誓よ、そなたはすでに悟りを開いて罪を作るということはないのか。そうではあるまい。あらためて振り返れば、聖教には、〈信心を獲た即時に罪はすべて消滅して〉とあるではないか。信心を獲たならば、罪はもはや問題にならないのである」とお答えになった。

その上で上人は、「罪があるかないかの詮索をするより、信心を獲たか獲ていないかの点検を何度も重ねる方が肝要である。罪が消えてお救いくださるのであろうと、罪消えぬままでお救いくださるのであろうとも、それは弥陀如来のおはからいだからである。私たちの方で、あれこれ思いはからうべきことではない。ただ、信心を獲る、そのことこそ肝要なのである、とくれぐれも仰せになったことである。

【私　釈】

蓮如上人の信頼厚い側近の弟子法敬坊順誓は、勇気を奮って、弟子たちを代表する思いでお尋ねしたのである。

『ご文章』に「信心起こるその時、同時に、罪みな消滅す」と説いてあるのと、今仰せの「命のある限りは罪はなくならない」ということとは、矛盾しているように聞こえますが。これはどう心得たらよろしいのでしょうかと。

ようこそ尋ねてくれたとばかり、その答えは明快であった。過去に犯してきた罪悪を足かせと思いわずらい、弥陀に帰依する身となって後も相変わらず如来の御心に背くことばかりを重ねるわが身を振り返って、嘆き悩むことは凡夫自力のはからいであって、阿弥陀如来のおはからいに背くものである。阿弥陀如来がまだ修行中の法蔵菩薩であったたいにしえに、五劫の思惟を通してすべてをお見通しの上で、(罪悪深重の者をも)南無阿弥陀仏の信心を与えて救おうと誓ってくださった如来の御はからいを仰ぐべきであって、その信心をすでに獲た上は、もはや罪悪の沙汰は無用である。そのことを、「一念発起のところにて、罪みな消滅して正定聚不退の位に定まる」と、曇鸞大師の『論註』の意を引いて答えられた。

しかし、信心を獲た後も罪作りの止むことがないのが凡夫のすがたであるとも、法話の中で述べられた。それは、「あさましや、お恥ずかしや、このような者をお救いくださる本願のありがたさよ」と、いよいよ報謝にいそしむのが信心の行者であるとの意である。

問われるべきは罪の有無ではなく、信心の有無である。心をかけるべきは、己のはからいではなく、弥陀の御はからいである、と明確に切り分けられたのである。

# 第四一条　煩悩をさまたげと思うは雑修自力のこころ

一「①愛欲《あいよく》の広海《こうかい》に沈没《ちんもつ》し、②名利《みょうり》の太山《たいせん》に③迷惑《めいわく》して、④定聚《じょうじゅ》の数に入《い》ることを⑤喜ばず、⑥真《しん》証《しょう》の証《しょう》に近づくことを快《たの》しまず」と⑦申す沙汰に、⑧不審《ふしん》のあつかひどもにて、⑨往生せんずるか、すまじきなんどとたがひに申しあひけるを、⑩ものごしに⑪きこしめされて、愛欲も名利もみな⑫煩悩《ぼんのう》なり、されば⑬機《き》のあつかひをするは⑭雑修《ざっしゅ》なりと仰せ候ふなり。⑮ただ信ずるほかは別のことなしと仰せられ候ふ。

（註釈版一二四六頁、聖典八六三頁）

**【語　註】**

①愛欲の広海……恩愛と貪欲の大きく深いことを大海に譬えた語。恩は目上に対し、愛は目下に対する情愛・執着。貪欲は満ち足りることのない欲望。

②名利の太山……名聞（名誉）と利養（利得）を求める欲の果てしないことを高い山に譬えた語。

③迷惑……文字通り迷い惑うこと。

④定聚の数に入る……今生においてすでに往生成仏の定まった人々の仲間入りをしたこと。
⑤喜ばず〜快しまず……喜ぶべきを喜ばず、悲しむべきを悲しまず、喜ぶべからざるを喜びとし、悲しむべからざるを悲しむ愚かなわが身、真実に背を向け仏願にそむくことしか知らないわが身である、との親鸞聖人ご自身の悲歎のお言葉。それをお見通しの上の本願であったとの慶喜、往生は疑いようがないという歓喜が秘められた言葉でもある。
⑥真証の証に近づく……真実の証果すなわち滅度（煩悩を滅尽し生死を度脱する）成仏して、一切衆生を救済する時が近づいている。
⑦と申す沙汰に……この宗祖の言葉をどう受け止めたらよいかという話し合いの中で。
⑧不審のあつかひどもにて……合点がゆかないと困惑するばかりで。
⑨往生せんずるか、すまじきなんど……こんなありさまで往生できるのか、いや往生はできないだろうなどと、議論が混迷した様子。
⑩ものごしに……ふすま・屏風などを隔てた所で。
⑪きこしめされて……お聞きになって。
⑫煩悩……煩いや悩みを生み出す根源の意。貪欲・瞋恚・愚痴の三毒を代表とするが、さらに慢・疑・悪見を加えて六大煩悩という。
⑬機のあつかひ……法を受けるべき衆生を機という。その器量やありようを詮議すること。
⑭雑修……念仏すること以外の善行や功徳を積もうとすること。それは自力疑心のすがたであり、

信心の欠けたしるしである。

⑮ただ信ずるほかは別のことなし……往生の因は、〈阿弥陀如来なればこそ、ようこそこんなわが身を救わずにおかぬと立ち上がってくださった〉と受け止め信ずること一つであって、その他にはからうべきことなどないということ。つまりは、ここで取り上げられた親鸞聖人のお言葉も、往生に一点の疑念もない信心の表明としてあるとの示唆。

※「ただ信ずる」とは、仏教・仏意・仏願を聞信し、それに随順する他に信心という心があるわけではないということを示す。信心の「心」は仏の真心すなわち仏意・仏願を指すのであって、凡夫の心をいうのではない。凡夫の心はエゴと迷妄の集合であって、問うに値しない。すでに「煩悩具足の凡夫」と見定め、言い当てられた身でありながらなお自分の心を詮議だてすることは、自力の執心、仏智疑惑のすがたであると、釘を刺したものである。

【意　訳】

宗祖親鸞聖人が『顕浄土真実教行証文類』「信巻」に記された、「このわが身は、恩愛と貪欲の広海に沈み、名聞と利養の深山に迷って、必ず浄土に往生する身と定まったことを喜ばず、真実の覚りに近づきつつあることを楽しまない浅ましい身である」というお言葉の受け止め方について話し合っていたところ、〈聖人ともあろうお方にしては、合点のゆかない物言いである〉と、困惑しての意見ばかりで、〈愛欲や名利にとらわれていても往生できるのだろうか、いやできないだろう〉などと、互いに言い合っていたのを、蓮如上人がものを隔てた所からお聞きになり、「愛欲も名利もみな煩悩をいうのである。しかしその煩悩が強いから弱いからなどと、往生の資格を詮議するのは、雑修のすがたであり自力疑心の表れである」と仰せられた。その上で、「往生決定の道というのは、ただ弥陀のお心を信受し、喜んで従うこと一つであって、他には何のはからいも要らないのである」と仰せられたことである。

**【私　釈】**

話題となった宗祖の言葉は、宗祖自身の悲歎の吐露であり、その陰には、そのようなものと初めから見抜いた上で救わずは止まぬと立ち上がってくださった阿弥陀如来の広大なる真実に遇い得た深い喜びがある。つまりは宗祖の信心の表白としての言葉である。

それを反省や自己評価の言葉、自問自答のすがた、つまりは宗祖のはからいの表明ととらえてしまったところに、お弟子たちの混乱のもとがある。弥陀の五劫思惟の中で見抜かれたわが身の虚仮不実さ、それをとがめることもなく、救わずにおかぬと誓ってくださった本願のかたじけなさを述べられた言葉であったのである。

宗祖は自分の心を問題にされたのではない。如来の智慧の眼の確かさ、慈悲の心の広大さを讃えられたのであり、弥陀の眼差し、弥陀の呼びかけの中での独白である。

自力疑心のはからいというのは、自分が裁判長席にいて、人を評価し、己自身を裁定することである。如来の仰せはただの弁護人の参考意見として聞き流される。己自身による内省においては、いかに自分を厳しく告発しようとも、自らが裁判長席を降りることはない。これほど厳しく反省できる優れた裁判官であるという慢心が捨てられないからである。

如来を信ずる、信受し信順する、というのは、「ああ、如来よ、あなたのお見通しの通りでございました。言い当ててくださった通りでございました。この上はあなたの願ってくださった通りに、仰せつけくださった通りに、喜んでお従い申します」と、被告席に戻って如来の恩赦を喜ぶばかりである。

# 第四七条

## わが心を責めよ、他力とはわが心に縛られぬこと

一　①わが心にまかせずして心を②責《せ》めよ。仏法は③心のつまる物かとおもへば、④信心《しんじん》に御《おん》なぐさみ候ふと仰せられ候ふ。

（註釈版一二四八頁、聖典八六四頁）

【語　註】

①わが心にまかせ……自分の心のままに従うこと。〈まかす〉は信の字の古訓であり〈したがう〉の意であって、「信順」「随順」に通じる。〈喜んで随う〉ということである。わが心にばかり従順にならずに、仏教・仏意仏願にこそ随順すべしとの意。「仏にまかせよ」とはその意味である。

一方、今日多用される「任す」は、人に命じてさせることを意味し、任す方が上位にあることを意味する。ここで言う「信す」とは立場が逆転している点に注意すべきである。

②責めよ……自らの姿勢を問いただし、仏願に随順せよと自らを叱咤しなさい、の意。
③心のつまる……厳しすぎて気詰まりであること。
④信心に御なぐさみ……法蔵菩薩のいにしえの五劫の思惟において、阿弥陀如来はすべてお見通しであること、その上で〈おとがめなしご注文なし〉の広大なお慈悲であることを知らされて、かえって心なごむものであるということ。信心は〈如来を信ずるわが心〉ではない。わが身にかけてくださってある仏のお心をキャッチしたすがたをいう。だから〈信心を獲得する〉という言い方があるのである。

【意　訳】

「自分の心のままに従っていないで、自分の姿勢を問いただし、自分の心を責めなさい。こう言えば、仏法は厳しすぎて気詰まりなものではないかと思うかもしれないが、逆である。信心を獲て広大な弥陀のお慈悲を知らされてみれば、かえってその温かさに慰められ、心なごんだことである」このように仰せられた。

【私　釈】

「わが心にまかせ」わが心に引きずり回されるのが自力のすがたである。そうではなく、釈迦の仰せ・弥陀の御心に「随順」するのが他力の信心のすがたである。だからといって息苦しく気詰まりなことはない。蓮如上人ご自身も、かつてはそうではないかと思われたこともあったが、信心を得て、〈煩悩具足虚仮不実の凡夫と見抜いた上で、にもかかわらず救い取ろうという弥陀の本願であった〉と知らされてみれば、かえって慰められ心なごんだのである、とのわが身に引き当ててのお示しである。

蓮如上人の、厳しくやさしく、しかもおおらかな人柄が、実は、他ではなく上人ご自身の信心から溢れ出たものであったことをうかがわせる一条である。

〈如来さまにおまかせ〉というのは、他人任せ、弥陀任せということではなく、「如来大悲の恩徳は身を粉にしても報ずべし」と自らの心を励ますことであり、後に挙げる第五五条の実如上人の言葉のごとく、「こころにまかせずたしなむ心は他力なり」（註釈版一二五〇頁、聖典八六五頁）なのである。まさしく、〈如来のご催促に耳を開き、油断なく怠らず努め励め〉というのが〈おまかせ〉の意味であったのである。

天親菩薩は、釈迦如来の説き残された「浄土三部経」の教えを、ご自分のためにこそ説き残されたものであったと受け止められ、釈迦如来のお勧めの通りに、「一心に無礙光如来（阿弥陀如来）に帰命したてまつる」と自らの信心を述べられた。「一心に」とは、阿弥陀如来が願ってくださった通り、釈迦如来がお勧めくださった通りに、ということであり、自分のはからいを差し挟まない態度を表す。他力の信心を表した言葉である。また「帰命」とは、弥陀・釈迦の命に帰する、弥陀・釈迦の仰せの通りに帰依し、お従いするということである。この〈帰命〉が、〈まかせる〉ということである。

源左さんと呼ばれて慕われた篤信のご門徒、足利喜三郎さんは、〈させていただく〉というそれまで日本語になかった言い回しでこれを表現した。〈おまかせ〉は、誰かにしてもらうことではない。如来のお慈悲にほだされて、自分の方から〈させていただく〉ことだと受け止め、これこそ他力の御もよおしだと喜んだのである。

歴史的事実として、勤勉に働き、子どもの間引きは決してせず、占いまじないに近づかず、報謝の精神を旨として、念仏もろともに控え目で道徳的に生きた真宗門徒の先人たちであったことが思い起こされるところである。

# 第五五条

## 他力とはわが心に振り回されず<br>たしなむこと

一　実如《じつによ》上人、さいさい仰せられ候ふ。仏法のこと、わがこころにまかせずたしなめと御掟《ごじょう》なり。こころにまかせては、さてなり。すなはちこころにまかせずたしなむ心は他力《たりき》なり。

（註釈版一二五〇頁、聖典八六五頁）

【語　註】

①実如上人……蓮如上人の五男。本願寺第九世を継職した。温厚篤実の人であったと伝える。

②さいさい……つねづね、たびたび、くりかえし。

③御掟……仰せ。

④まかせ……従う、随順する。

⑤さて……よろしくない、不適切である。

⑥たしなむ心は……たしなむは、精を出す、心がけて努力するの意。心は当て字。心情を表すので

はなく、事柄の奥にある意趣、意義、根拠は、ということ、意の字を当てるのがふさわしい。『ご文章』や『蓮如上人御一代記聞書』に見られる用法の多くがこれである。

⑦他力なり……わが心のはからいを凌駕してはたらく、弥陀の願力のもよおしであるということ。

【意　訳】

実如上人はつねづね仰せられた。仏法においては、自分の心に左右されず、心がけて努力を重ねなさいと、しかと仰せつけられたものである。

「自分の心に振り回されていては駄目である。そうではなくて、自分の心に左右されずに、（釈迦、弥陀の御心にかなうよう）怠らず努力するところが弥陀の願力、他力のもよおしなのである」と。

【私　釈】

第四七条と対をなす内容となっている。阿弥陀如来に「信《まか》せよ」とは、「己の心に順《まか》せ従っていては駄目だということだ」と、示す点は共通している。

仏法を信ずるとは、自分のはからい・利己心・怠け心を押し退けて、如来の願いに信順、随順する（まかす）ことである。自分のこころに引きずられず、自らを叱咤激励せよ、それが他力、すなわち義なきを義とする（己のはからいを捨てるこそ善きはからいとする）すがたである。「わが心にまかせず、仏意・仏願にまかせよ」が蓮如上人の教えであった。それを受け継いで、蓮如上人の後継者・実如上人は、つねづね「わが心にまかせずたしなめ」と仰せられたという。

「如来様にまかす」とは、「わがこころにまかせずたしなむ」ということ、「如来大悲の恩徳は身を粉にしても報ずべし」ということであったことを鮮やかに示した言葉である。「報ずべし」の「べし」は、可能、推測、当然、義務・責任などを表すものではなく、それくらいでちょうどよいという相応の意味であり、同時にまた本人の意志・決意を表す助動詞の「べし」である。如来の大悲の広大さは、粉骨砕身をもってするに相応しいとの感動を示し、その通りにしようという親鸞聖人ご自身の決意を表明されたすがたでもある。いわゆる「お任せ」主義とは全く異なる態度であるといわねばならない。

# 第六四条　心を入れ替えずともそのままに

一　衆生《しゅじょう》をしつらひ①たまふ。「しつらふ」といふは、衆生のこころをそのままおきて、よきこころを御《おん》くはへ候ひて、よくめされ②候ふ。衆生のこころをみなとりかへて、仏智ばかりにて、別に③御みたて④候ふことにてはなく候ふ。

（註釈版一二五二頁、聖典八六七頁）

**【語　註】**

①しつらふ……治（なお）し、癒し、調（ととの）えるの意。

②よくめされ候ふ……善くしてしまわれる。

③別に……以前とは別物にしようと。

④みたて……構想する、意図する。

【意　訳】

阿弥陀如来の願力は、衆生の心の欠点を癒し調えてくださるのである。癒し調えるというのは、衆生のこころをそのままにしておいて、その上に如来の善き心をお加えになって、総体としては善くしてしまわれるのである。善くない衆生の心をそっくり取り替えて、仏の智慧・慈悲の心ばかりであるように入れ替えて、もととは別物にしてしまおうとなさるわけではないのである。

【私　釈】

弥陀の願力とはどうはたらくのか、信心を獲させて救うとはどういうことか、信心による利益とはいかなるものかについて述べた一条である。

信心を獲させて救うというのは、世にいう「心を入れ替え」させて救うのではない。「心を入れ替えよ」というお咎めもご注文もない。「そのままの心にわが願いを受け取れよ」との仰せであったとの教示である。

煩悩具足・虚仮不実・蛇蝎のごとき心、泥沼の水の上に、本願の月は南無阿弥陀仏と宿って皓々と輝く。なんと美しい水月かというようにしつらえてくださるということである。

また、願力を日光に譬えていえば、信心を獲《え》ることは、日本晴れの心になるということではない。われわれの心は、もとより空いっぱいの煩悩の黒雲に覆われている。そこへ日が昇り夜明けが来る。夜が明けてみれば目に入るものは空を覆い尽くす雲ばかりである。疑いの闇に閉ざされていた間はそのことにも気づかなかっただけである。雲が見えたのは日光の力によるものである。雲だけが見えるわけではない。足下も見えれば、道も見えている。煩悩の雲はそのままにして、それを貫く日の光を加えて闇を破ってくださるのである。それが信心の利益のありようであることは、『正信念仏偈』にも「煩悩《ぼんのう》を断ぜずして涅槃《ねはん》を得るなり〈不断煩悩得涅槃〉」（註釈版二〇三頁、聖典二〇四頁）といい、「雲霧《うんむ》の下《した》あきらかにして闇《やみ》なきがごとし〈雲霧之下明無闇〉」（註釈版二〇四頁、聖典二〇五頁）と示されてあり、その他の譬えとしては、濁流を抱き入れて浄化する大海、泥沼に咲き出る白蓮華等が、『正信念仏偈』に見える。

さらに別の譬えとしては、渋柿と干し柿の比喩が語られてきた。渋柿の渋を抜き取って甘い味付けをせずともよい。日光を浴びれば、渋がそのまま甘さに変わるというものである。また、漬物のぬか味噌がうまく発酵せず悪臭さえ漂い始めたところに、その上から永年漬け込んだぬか味噌をかぶせ加えてしばらくおけばやがて下まで発酵が進んで、出来損ないのぬか味噌を取り替え捨てずともよい、というのにも譬えられよう。

# 第六九条

## 来迎を待たず、授かる名号ありがたし

一　他流《たりゅう》には、名号《みょうごう》よりは絵像《えぞう》、絵像よりは木像《もくぞう》といふなり。当流《とうりゅう》には、木像よりは絵像、絵像よりは名号といふなり。

（註釈版一二五三頁、聖典八六八頁）

【語　註】

①他流……同じく法然聖人を祖とは仰いでいても、伝承を異にする浄土宗諸派や、親鸞聖人を祖とはするが本願寺とは系統を別にする流派の意か。

②名号……名号本尊を指す。親鸞聖人の残された物には、南無阿弥陀仏の六字名号、帰命尽十方無礙光如来の十字名号、南無不可思議光仏の八字名号がある。

③絵像……青蓮華上に立ち姿の阿弥陀如来から上下左右に十二の光明を放つ絵像。『仏説観無量寿経』に出る住立空中尊を表したものといわれる。

④木像……これにも座像と立像がある。座像は浄土安住のすがたを表す。立像は、臨終来迎像と

『観経』に出る住立空中尊の二種あって、両者には違いがある。

【意　訳】

「他流では、第十九願に誓われた臨終来迎に期待するために、実体的なすがたを重視して名号より絵像、絵像より木像が尊いという。しかし、臨終来迎を期待しない親鸞聖人の教えを奉ずる浄土真宗においては、第十七願に誓われた名号、第十八願に誓われた信心をもって本とし、信心を獲るとき同時に往生も定まると示すのだから、臨終に来迎を期待しての儀式など行わず、本願の結晶である名号をわがためと喜ぶ信心を尊ぶのである。それ故、阿弥陀如来のすがたを表す木像よりは、摂取の光明を表す絵像を尊び、絵像よりは本願の名号をしたためた名号本尊をこそ尊ぶのである」と、上人は仰せられた。

【私　釈】

臨終来迎を模して、阿弥陀如来像の御手から五色の糸を引き、これを握って臨終を待つという儀式が盛んに行われた歴史がある。これには木像のみでなく絵像も用いられたことが知られている。

名号は元来「名声」とも表される。耳で聞き、口に称える音声であって、文字ではなく、視覚・礼拝の対象ではない。したがって、名号本尊はその音声を表記した文字・字句ともいうべきであって、阿弥陀如来の形相を表現した木像や絵像と同列に扱うのはふさわしくないともいえる。しかし、それらの不釣り合いは無視しての発言の意図は、信心を本として臨終来迎を待たぬ宗義を鮮明にする点にあると思われる。

この時、蓮如上人の脳裏にあったのは、宗祖の「御消息」第一通に見える次の言葉であったと思われる。「来迎《らいこう》は諸行往生《しょぎょうおうじょう》にあり、自力の行者なるがゆゑに。臨終といふことは、諸行往生のひとにいふべし、いまだ真実の信心をえざるがゆゑなり。（中略）真実信心の行人は、摂取不捨のゆゑに正定聚の位に住す。このゆゑに臨終まつことなし、来迎たのむことなし。信心の定まるとき往生また定まるなり。来迎の儀則をまたず」（註釈版七三五頁、聖典六〇〇頁）往生の決定要因である信心の体は本願の名号に他ならない。摂取の光明というのも、その名号に具わる徳用を表現したものである。臨終来迎にこだわるのは自力疑心を離れられない他流である。それが言いたいことの要点であったと思われる。

# 第七〇条 十あるものを一つにして示す

一 ①御本寺北殿《ごほんじきたどの》にて、②法敬坊《ほうきょうぼう》に対して蓮如上人仰せられ候ふ。われはなにごとをも当機③をかがみおぼしめし、十あるものを一つにするやうに、かろがろと理⑤のやがて叶ふやう⑥に御沙汰候ふ。これを人が考へぬと仰せられ候ふ。御文《おふみ》等をも近年は御ことばすくなにあそばされ候ふ。いまはものを聞くうちにも退屈し、物を聞きおとすあひだ、肝要のことをやがてしり候ふやうにあそばされ候ふのよし仰せられ候ふ。

（註釈版一二五四頁、聖典八六八頁）

【語　註】

①御本寺北殿……山科本願寺における住職（実如上人）居所。蓮如上人は隠居して南殿に住まわれた。
　この時は、たまたま北殿の住職居室にいらっしゃった。

②法敬坊……法敬坊順誓のこと。蓮如上人の信頼厚い側近の弟子。上人より六歳年少。上人が住職

継職前の宝徳年間から近侍し、上人滅後十一年の九十歳まで生きた。子弟や弟子たちの間でも敬意を払われたらしく、本書においても敬語が用いられている。石川県金沢市五宝町照円寺の開基。

③当機……目の前の相手。また、相手の能力や意識。

④かがみおぼしめし……よくよく考慮して。

⑤かろがろと……たやすく。

⑥理のやがて叶ふ……言わんとする趣旨がすぐに理解できる。

⑦御沙汰……申し述べる。

⑧やがてしり……すぐにわかる。

【意　訳】

山科本願寺の北殿で、蓮如上人は法敬坊順誓に対して仰せられた。「わたしは何事を言うにも、目の前の相手の能力や意識をよくよく考慮した上で、十あるものを一つに絞り込み、こちらの言わんとする趣旨がかるがるとすぐにも相手に受け取れるように申し述べているのだが、その苦心のほどを人々は理解してくれていないようだ」と仰せられた。『御文』なども、近年は御言葉少なく書き記していらっしゃる。「今は年老いて、ものを聞いているうちにも煩わしく感じ、つい大事なところを聞き落とすようになったので、肝要のことがすぐにもわかるように申し述べているのだ」との仰せであった。

【私　釈】

如来の真実とその広大なはたらきということを述べるに際しては、広く詳しく述べる面〈広説〉と、その要点を示すについては一言で要約して述べる面〈略説〉との、両面が呼応しなければ能くあらゆる衆生を導くことはできないと、〈広略相入〉の理を説かれたのは曇鸞大師である。それに学ばれたのであろうか。『御文』はすべて略説の形に近い。比喩・因縁をまじえて味わうのは、聴聞の後の話し合いの場、讃嘆談合の座で行うべきことと、お考えであったようである。別条にあるように、「しげからんことをば停止すべき」（註釈版一二七四頁、聖典八七九頁）と、煩雑で長々しいことを嫌い、煩わしい説明は省き、単刀直入にして明快なメッセージを発信し続けられたのが、上人であった。

今日の本願寺の参詣者と違い、当時の山科本願寺に集まった人々の多くは文字を知らなかったはずである。また、中には、蓮如上人を仏の化身のように思う崇拝者や、新たに時代のスターとして登場した上人と人気スポットとしての本願寺を見物したくてやって来た物見高い人たちもあったろうし、あるいは偵察目的の者もいたであろう。それらのことをよくよく考慮した上で、煩雑冗長な物言いは、無知の人々や、法義に関心の薄い人々には受け止め難く、誤解を招きやすいゆえに、別条にあるように、簡潔に「さしよせて（簡潔に）」（註釈版一二五一頁、聖典八六六頁）示すことに腐心されたのである。

参集者の内心や意図を詮索せず咎め立てせず、祖師聖人のお客人と受け止め、弥陀のお目当ての方々と受け入れた上で、一人ひとりの胸に語りかけるメッセージとして、選りすぐり、要約を重ねた上でのさまざまの発言であり『御文』の各章であったということが、うかがわれるところである。

# 第七二条

## 貧しけれども信ひとつにて仏になる

一　蓮如上人仰せられ候ふ。①堺《さかい》の日向屋《ひゅうがや》は②三十万貫を持ちたれども、死にたるが仏には成り候ふまじ。③大和《やまと》の了妙《りょうみょう》は④帷《かたびら》一つをも着かね候へども、このたび仏に成るべきよと、仰せられ候ふよし候ふ。

（註釈版一二五四頁、聖典八六八頁）

**【語　註】**

①堺の日向屋……和泉の国、堺にいた有名な豪商。

②三十万貫……一貫文の一両が今の十万円とすれば、三百億円。

③大和の了妙……奈良県橿原市八木町の金台寺の開基となった女性念仏者。

④帷……裏地のついていない一重の着物。

## 【意　訳】

蓮如上人は仰せられた。「堺の日向屋は三十万貫もの巨大資産を持っていたというが、仏法に縁なくして死んだそうだから、仏にはならないであろう。大和の了妙は、貧しくてひとえの着物一枚もまともには着られないでつぎはぎだらけの身なりではあるが、このたび仏となるに違いないよ」と仰せられたとのことであった。

## 【私　釈】

堺の日向屋のことは伝聞による推定であろうが、大和の了妙のことは、眼前に仏法を喜ぶすがたを見ての感慨であったろうと思われる。

女性の身でつぎはぎだらけの〈ひとえ〉一枚の身なりでは、蓮如上人の前に出るのも恥ずかしかったであろう。しかしそれをも顧みず、了妙は上人の前で自らの信心の喜びを述べたに違いない。目を見開いて感嘆した上人であったことがわかる。

この世での富貴は誰もが望むところではあっても、実際に得る者は稀であり、多くの人々は無力さに泣き、貧しさにあえぐのみである。

しかし、その無力を嘆き貧しさを悲しむ者こそが、ボロを身にまとい托鉢で命をつなぎ、木陰や岩陰に伏しつつ、世の人々に仏法の灯火を掲げられた釈尊の言葉の中に光を見出し、本願の念仏に喜びを見出すべき正客である。

「大和の了妙は帷一つをも着かね候へども、このたび仏になるべきよ」の一言は、まさしく何も持たない庶民の〈人間の尊厳を宣言〉した光り輝く一句である。

法然聖人は「善人なほもって往生をとぐ、いはんや悪人をや」と言われた。因果応報の教説を富貴と卑賤に当てはめて、差別的な意味で善人悪人が語られた時代の発言である。富貴の人々からはまさしく悪人と見なされた、一人の人間の尊厳を称揚する言葉であったといえよう。

これを受けて、親鸞聖人は、『唯信鈔文意』に慈愍三蔵の「能令瓦礫変成金（能く瓦礫をして変じて金とならしむ）」という言葉を引いて、「れふし・あき人、さまざまのものはみな、いし・かはら・つぶてのごとくなるわれらなり。（中略）よくこがねとなさしめんがごとしとたとへたまへるなり」（註釈版七〇八頁、聖典五五三頁）と示されたのである。本願の念仏が悪人成仏の道であることを確認された言葉であるといわねばならない。

この蓮如上人の一言もまた、明らかにそれらを受け継いでのものである。「凡夫が仏になる不思議」とも讃えられた。弥陀願力の不思議に裏付けられた人間の尊厳をかかげられたのである。声なく力もないと見なされていた民衆に一揆を起こさせるほどの勇気の源はここにあった、というべきであろう。

# 第七六条

## 「弥陀をたのめ」は弥陀自身の直説

一　蓮如上人、①法敬《ほうきょう》に対せられ仰せられ候ふ。いまこの弥陀を②たのめといふことを御教《おんおし》へ候ふ人をしりたるかと仰せられ候ふ。順誓《じゅんせい》、存ぜずと申され候ふ。いま御をしへ候ふ人をいふべし。③鍛冶《かじ》・番匠《ばんしょう》などもものをしふるに④物を出《いだ》すものなり。一大事のことなり。なんぞものを⑤まゐらせよ。いふべきと仰せられ候ふ時、順誓、⑥なかなか⑦なにたるものなりとも進上いたすべきと申され候ふ。蓮如上人仰せられ候ふ。このことをしふる人は阿弥陀如来にて候ふ。阿弥陀如来のわれをたのめとの御をしへにて候ふよし仰せられ候ふ。

（註釈版一二五六頁、聖典八六九頁）

【語註】

①法敬……法敬坊順誓のこと。蓮如上人の信頼厚い側近の弟子。上人より六歳年少。上人が住職継職前の宝徳年間から近侍し、上人滅後十一年の九十歳まで生きた。子弟や弟子たちの

間でも敬意を払われたらしく、本書においても敬語が用いられている。石川県金沢市五宝町照円寺の開基。

②たのめ……憑め、信ぜよ、信受せよ、拠り所と仰げ、の意。

③鍛冶・番匠……鍛冶屋や大工。特殊技能を有する職人の代表として挙げた。

④物を出す……秘伝の技を教えてもらう謝礼として品物を献上すること。

⑤まゐらせ……進呈する、進上する、献上する等の意。

⑥なかなか……もちろん仰せの通りに。

⑦なにたるものなりとも……いかような物でも、どれほど高価な物でもの意。

**【意　訳】**

蓮如上人は法敬坊順誓に対して仰せられた。「わたしが今言った、弥陀を信ぜよということを教えてくださった人を知っているか」と。順誓が「存じません」とお答えになると、「では、教えてくださった人が誰かを言おう。だが、鍛冶屋や大工などでも秘伝の技を教わるときは謝礼の品物を献上する習わしである。しかもこれは何より重要な秘伝である。何か献上しなさい。そうすれば言ってやろう」と仰せられたとき、順誓は、「もちろん仰せの通りに、いかなる高価な物なりとも献上いたしましょう」と応じられた。「このことを教えてくださったのは、他ならぬ阿弥陀如来である。阿弥陀如来がじきじきに、〈このわたしを拠り所とせよ〉と教えてくださっているのである」との仰せであった。

【私　釈】

法敬坊順誓は、蓮如上人がまだ部屋住みであった頃から側近く仕えた弟子で、「法敬とわれとは兄弟よ」といわれるほど上人の信頼厚かった人物である。

常識的に言えば、教えたのは教主釈尊である。しかし、そのことを百も承知のはずの法敬坊は、「存じません」と応ずる。上人の意中を敏感に悟ってのことであろう。

まるで、息を合わせて二人芝居を演じて楽しんでいるかのような内容の一条である。そうやって聴衆である弟子たちを教え諭そうというねらいであったのであろうか。

「久遠実成阿弥陀仏　五濁の凡愚をあはれみて　釈迦牟尼仏としめしてぞ　伽耶城には応現する」〈註釈版五七二頁、聖典四八六頁〉という『浄土和讃』が参考になる。阿弥陀如来の立てられた諸仏称名の願の通り、釈尊が弥陀の化身として現れ、弥陀の本願を説かれた。「弥陀を信ぜよ、弥陀は必ず救いたもう」は釈尊の説法の帰結であるが、それはそのまま、「この弥陀を信ぜよ、必ず救うから」という阿弥陀如来からこのわたしたちへのじきじきの仰せでもある。

上人はそのことをはっきりと受け止めさせたかったのであろう。

〈信心を獲れ〉〈信心の行者となれ〉と呼びかけ続けられた上人は、慕い寄って来る人々を、〈御門徒衆〉〈開山聖人（親鸞）の御客人〉（第二九三条・第二九四条）と呼ばれた。自分や坊主たちは阿弥陀如来と念仏者との間を取り持つ仲介者ではない。釈迦の教え、弥陀の仰せを伝える〈代官〉に過ぎない。自らもまた、〈信心の行者〉〈親鸞聖人の門徒（弟子）〉の一人に過ぎないのであって、誰もが一人ひとり、じきじきに阿弥陀如来の「われをたのめ」の御おしえを被って信を獲り、往生決定の身とならせていただくべきが浄土真宗であると、示されたのである。

坊主たちは門徒たちの上に君臨すべき指導者などではない、念仏道場の護持管理者であり、法要儀式の主宰者、聖教を読み聞かせる身であるとはいえ、基本的には門徒の一人、同朋同行の一人であって、門徒衆に支えられ、門徒集団に奉仕する専従者として特化された門徒に過ぎない。それゆえ、すでに親鸞聖人は御自ら、「親鸞は弟子一人も持たず」と仰せられ、後代の蓮如上人もまた「「御同朋・御同行」とこそ、かしづきて仰せられけり」（『ご文章』一帖目第一通、註釈版一〇八四頁、聖典七六〇頁）と言明されたのである。

その意味で、蓮如上人は、「俺は門徒にもたれたり」（門徒が俺にもたれるのではなく）と言い、「この法師が冥加に叶ふによりて」（蓮如上人のそのような姿勢が如来のおぼしめしにかなっていたからこそ、本願寺の繁栄がもたらされた）（第一四三条）とも言われたのである。

また、「往生は一人のしのぎ」（浄土往生は、一人ひとりがじきじきに如来からの仰せを受け取って初めて果たされる）（第一七一条）と、孫に当たる円如上人が言い残されたのも、同様の意であろう。時代の変遷を問わず、浄土真宗隆盛の可否は、ただこの一点にかかっていることを知るべきである。

# 第七九条——如来の眼差しの下に、慎むことを学べ

一　前々住上人仰せられ候。「①噛《か》むとはしるとも、呑《の》むとはしらすな」といふことがあるぞ。②妻子を帯《たい》し③魚鳥を服し、④罪障《ざいしょう》の身なりといひて、⑤さのみ思ひのままにはあるまじきよし仰せられ候ふ。

（註釈版一二五七頁、聖典八七〇頁）

**【語註】**

①噛むとはしるとも、呑むとはしらすな……何事もよく噛みしめて味わうべきで、身勝手な鵜呑みは良くないということわざ。

②妻子を帯し……結婚して妻子を持って在家止住の暮らしをすること。ここでは坊主たちの暮らしを指すか。

③魚鳥を服し……魚肉や鶏肉を食べて、精進潔斎とは無縁な生活をすること。

④罪障の身……罪、障り多き身。

⑤さのみ……ひたすら、むやみに。

【意　訳】

蓮如上人は仰せられた。「昔から、〈何事も言葉の意味を噛みしめて味わえ、取り違えのないようにせよ。表面的な鵜呑みはするな、させるな〉と言うではないか。坊主たちは妻子を持ち、魚や鶏肉を食べ、門徒たちも殺生をはばからぬ暮らしをして、共にもとより罪・障り多い身だからといっても、むやみに思いのままに何をしてもよいわけではないのである」と。

【私　釈】

悪人目当ての救いといい、罪悪深重の凡夫を救わんがための弥陀の本願という。だからといって、悪も罪も犯し放題ということではない。

してはならぬからこそ罪悪という。仏法においては、自らをも他の衆生をも、現在も将来も迷わせ苦しめるもととなることを悪と名づけたのである。弥陀・釈迦・諸仏ともどもに悲しみ嘆きたもうところである。

悲しみながらも見捨てたまわず、嘆きながらも救わずにはおかぬと立ち上がってくださったのが、阿弥陀如来の〈大悲〉である、との諭しである。〈お恥ずかしい、もったいない〉と喜ぶのはよいが、〈どうせ〉と居直るのは心得違いの鵜呑みというものである。慎みとたしなみは、手に数珠をかけ念仏申す者の務めであるとの訓戒である。

古来、造悪無礙（悪はいくら造ってもかまわない）の邪義として戒められてきたところの趣旨を、「嚙むとは知るとも、呑むとは知らすな」ということわざを引いて示したものである。

# 第八〇条

## 身の程をわきまえぬは聖人の御罰

一　仏法《ぶっぽう》には①無我《むが》と仰せられ候ふ。②われと思ふことはいささかあるまじきことなり。われは③わろしとおもふ人なし。これ④聖人の御《おん》罰なりと、御詞《おんことば》候ふ。他力《たりき》の御《おん》すすめにて候ふ。ゆめゆめわれといふことはあるまじく候ふ。無我といふこと、前住上人もたびたび仰せられ候ふ。

（註釈版一二五七頁、聖典八七〇頁）

【語　註】

①無我……何ものも、「これ我に非ず、これ我が物にあらず」ということ。その根拠は、己のすべてが無常なるものであり、わが意のままにならぬものであることにあるという。「我」は、インド文化の中で通念であった、あらゆるものに内在する常住不滅なる実体としての霊魂を指すとされる。これを否定し、〈一切は縁起的存在であり、無常なる存在でもある。霊魂があろうとなかろうと、我らは無常の身であり、この世はままならぬ

世界であることに変わりはないではないか〉と示したもの。ここでは慢心・自力の心を戒める意味で使われている。

②われと思ふ……我こそはと自惚れる。

③わろし……悪し。心得違いだらけの愚人・悪人であるということ。

④聖人の御罰……自ら煩悩具足の凡夫と名乗ってくださった聖人の態度とは裏合わせの不心得者であるがゆえに、自分の愚かさ拙さにも気がつかぬという自業自得の罰をこうむっているのだという意味。

【意　訳】

「仏法は無我ということを基本にした教えである」と蓮如上人は仰せられた。「我こそは、と自惚れることはいささかもあってはならない道理である。ところが、悪人・愚人とはわたしのことだと思う者はいない。これこそ、自ら〈煩悩具足の凡夫〉と名乗ってくださった聖人の御心を裏切った不心得ゆえに、自分の愚かさ拙さにも気がつかぬという自業自得の罰をこうむっているすがたである」とのお言葉であった。他力ということを心得させるためのお諭しである。〈我こそは〉との自惚れなど、ゆめゆめあってはならないのである。無我ということの大切さについては、前住の実如上人もたびたび仰せられたことである。

【私　釈】

無我はあらゆる執着を戒める仏教用語であるが、蓮如上人は、〈われはわろしとおもふ〉ことがないという自惚れや自力の執心を戒める言葉として、扱っていらっしゃる。そして、そのことは取りもなおさず、愚悪の凡夫と見抜けばこそ救わずにはおかぬ、という本願他力を仰げという趣旨であると、この書の編者は指摘している。

親鸞聖人の「虚仮不実」「無慙無愧」「小慈小悲もなき身」「底下の凡愚」など、多くの自らを悲歎する言葉は、内省から出たものではない。「煩悩具足と信知して」とあるように、阿弥陀如来の五劫の思惟において見抜かれ、釈尊の経説において言い当てられた悪人・凡夫とは、他ならぬわが身のことであったと信知しての言葉である。

「このわたしこそが、如来のお目当ての悪人であった」と思わないのは、弥陀の本願をよそ事に思い、聖人のお言葉を他人事と聞き流すのも同然であり、聖人のお心に背くものである。自分こそが悪人であると受け取れないのは、聖人の教えに対する反逆罪に応じた自業自得の罰であるとさえ言われる。色を立て際を立てて自力の執心を戒めたお言葉である。そして、そのままが、他力の信心を獲れとのお勧めである。

# 第八二条
## わが身に受けずして、売り心で聞く横着者

一 ①聴聞《ちょうもん》を申すも②大略《たいりゃく》わがためとはおもはず、ややもすれば③法文《ほうもん》の一つをもききおぼへて、人に④うりごころあるとの仰せごとにて候ふ。

（註釈版一二五八頁、聖典八七〇頁）

**【語　註】**

①聴聞を申す……聴聞する、仏法を聞くこと、あるいはまた仏法について話し合うこと。
②大略……おおよそは、大概は。
③法文……経典・論書などに出ている文句、文章をいう。
④うりごころ……人に聞かせて自らの学識の高さを売り込もうという心。

**【意　訳】**

「せっかく仏法を聴聞しても、大概は、このわたしへの仰せであるとは思わずに、ややもすれば、

経典・論書等に出てくる文句の一つでも覚えておいて人に聞かせて感心させてやろうという、売り心で聞いていているものだ」と、蓮如上人は仰せられたものである。

【私　釈】

物知り顔の同行や、学者面の坊主になるな。弥陀の本願はこのわたしのために立てられた、釈迦の教えはこのわたしに合わせて説いてくださったものだ、と聞くことこそ、聞法・聞信であり、信心のすがたである。売り心を抱いて仕入れるような聞き方だから信心が獲られないのだ、という訓戒であろう。

蓮如上人の門弟の多くが坊主となって浄土真宗の教えの布教に当たり、上人一代のうちに本願寺宗門は巨大教団となった。しかし、如来の願いたもう信心の行者はどれほど多く育ったのか。上人は自問せざるを得なかったのであろう。

「こころざしの衆も御前におほく候ふとき、このうちに信をえたるものいくたりあるべきぞ、一人か二人かあるべきか」（第五〇条、註釈版一二四九頁、聖典八六五頁）と仰せになって、皆が肝をつぶしたという。

第三代覚如上人の『口伝鈔』（註釈版八八九〜八九〇頁、聖典六六一頁）に、法然聖人が、「法師には三つの髻（もとどり＝まげを結うために髪を頭頂で束ねた部分）がある。勝他と利養と名聞がそれである。わたしが述べたところの法文を記し集めて持ち歩き、故郷に帰って人々を服従させようとするのは勝他の心である。それを以て優れた学僧といわれたいと思うのは、名聞を願う心である。これによって檀徒を得たいと望むのが、利養の心である。この三つの髻《もとどり》を剃り捨てずしては、まことの法師とは言えない」と仰せられたとの記事がある。

これが上人の脳裏にあったのであろうか。物知りの学僧にはなるな、信心の行者になれ、そもそも聞き方が悪い。売り心、仕入れ心で聞くのが悪い。何ゆえ、このわたしのためにようこそという聞き方ができないのか。売り心という耳栓をして聞いているからである。そういう叱責であろう。

とかく人は、〈得手〉に聞き、〈よそ事〉に聞き、〈売り心〉で聞く。人は耳栓をしたままで聞くものであり、だからこそわが身に、わが心には響かず、信を獲られないのだということを指摘した条の一つである。

# 第八六条

## 信・不信ともに、ものを言え

一　蓮如上人仰せられ候ふ。物をいへいへと仰せられ候ふ。物を申さぬものはおそろしきと仰せられ候ふ。信不信《しんふしん》ともに、ただ物をいへと仰せられ候ふ。物を申せば心底《しんてい》もきこえ、また人にも直《なお》さるるなり。ただ物を申せと仰せられ候ふ。

（註釈版一二五九頁、聖典八七一頁）

**【語　註】**

①物をいへ……仏法についての話し合いの場においては率直に発言せよ、ということ。

②おそろしき……何を考えているかわからぬ不審人物である。

③信不信……信心をすでに獲た者も、いまだ信心を獲ていない者も。

④ただ物をいへ……とにかくものを言いなさい。

⑤心底もきこえ……心の奥で思っていることが他人にもわかる。

⑥直さるる……聞き違いや思い違いを指摘されて、直してもらえる。

【意　訳】

蓮如上人は仰せられた。ものを言いなさい、ものを言いなさいと、繰り返し仰せられたことである。「ものを言わぬ者は、何を考えているかわからぬ不審人物である」とも仰せられたものである。「信心のある者もない者も、とにかくものを言いなさい」との仰せであった。「ものを言えば、その人が心の奥で思っていることが他人にもわかり、聞き違いや思い違いを指摘されて、直してもらえるではないか。だから、とにかくものを言いなさい」と仰せられたのである。

【私　釈】

蓮如上人の時代、浄土真宗の教えは、多くの人にとっては耳新しく、常識はずれの教えでさえあったはずである。その上、加賀の国に一揆を起こし、〈百姓の持ちたる国〉を出現させた宗教である。本願寺の本堂に集まった人々の思いもさまざまであったに違いない。中には偵察やスパイ目的の人物も交じっていたはずである。へたをすれば、法然聖人や親鸞聖人の時代の承元の法難の二の舞、念仏禁制の憂き目に見舞われる危険もあったはずである。「もの言わぬ者は恐ろしき」という言葉は、そのことを連想させる。

だが、そのような憂いをも踏み越えて、ただ信心の行者を育てたいという、上人の念願が、この『蓮如上人御一代記聞書』の全編に溢れている。

上人は、〈聞きっぱなしでは、信は獲られない、同じ話を聞いた者同志の話し合いの中での確認が甚だ重要〉であると考えていらっしゃった。人は〈よそ事に聞き、得手に聞き、売り心で聞く〉ことが多いものである。〈この私のためにようこそ〉と受け止めるに至るには、聞いた上での感想を述べ合うことが不可欠であるということである。

〈語るに落ちる〉という言葉があるように、ものを言えば否応なく内心が現れるものである。そうすれば他の人から直してもらえるという。〈自分の殻の中に閉じ籠もっての自己反省では駄目だ。素っ裸になって阿弥陀様の前に立て。悪いところを他の人にも見せて直してもらえ。誰も悪いようにはしない〉と言わんばかりである。

# 第八八条

## 籠のようなわが心を仏法の水に浸せ

一　人《ひと》のこころえ①のとほり申されけるに、わがこころはただ籠《かご》に水を入れ候ふやうに、仏②法の御座敷にてはありがたくもたふとくも存じ候ふが、やがて③もとの心中になされ候ふと申され候ふところに、前々住上人仰せられ候ふ。その籠を水につけよ、わが身をば法にひ④てておくべきよし仰せられ候ふよしに候ふ。万事《ばんじ》⑤信なきによりてわろきなり。善⑥知識《ぜんぢしき》のわろきと仰せらるるは、信のなきことをくせ⑦ごとと仰せられ候ふことに候ふ。

（註釈版一二五九～一二六〇頁、聖典八七一～八七二頁）

**【語　註】**

①こころえのとほり……思っていることのありのまま。

②仏法の御座敷……法話を聞いたり、信心について語り合う場。

③やがて……程なく、すぐさま、たちまちに。

④ひてておく……浸しておく。
⑤信なき……如来からこのわたしへの仰せと受け止めることを知らない。
⑥善知識……善き師の意。ここでは蓮如上人その人を指す。
⑦くせごと……曲事。如来の御心に背いた悪事。

【意　訳】

ある人が心に思っているままを告白して言われるには、「わたしの心はまるで隙間だらけの籠のようなもので、仏法の水を注いでもらっても、すぐさま空になり何も残らぬありさまです。法座ではありがたいとも尊いとも思うのですが、それが過ぎるとたちまちにもと通り何ともない心に戻ってしまいます」というのであった。

すると、蓮如上人が仰せられるには、「その籠を仏法の水に浸けなさい。日々の暮らしの全体を仏法に浸しておけば良いのです」と仰せられたということである。

万事につけ、信心がないところから問題が起こるのである。善き師（蓮如上人）が駄目だと仰せられるのは、信心のないことであって、それこそ心得違いの根源である、と仰せられるのである。

【私　釈】

籠と水の譬えは、この人の実感であったろう。人はおしなべて、わが身に受けずに第三者的に聞くのが常であり、蓮如上人が言われるように〈よそ事に聞く〉ものである。この人のように、〈ありがたい、尊い話〉を聞きたがるというのも、そのしるしである。

〈仏法を生活の一部とするのでは駄目だ、全部にしなさい〉と、上人は応えられたのである。わが人生の、日々の暮らしの全体が、如来の眼差しの中にある。わたしの全てをお見通しの上での本願念仏の教えは、如来からこのわたしへの直々の仰せであると受け止めなさいということであろう。

〈お恥ずかしや、勿体なや〉とわが身に受ける信心こそが、如来の願われたものである。その信心が欠けており、受け止め方がずれているからこそ、こんな嘆きも出てくるのだと、蓮如上人の指摘には容赦がない。信心の有無こそ問題の根本であり、「聖人一流の御勧化のおもむきは、信心をもつて本とせられ候ふ」（『御文章』第五帖、註釈版一一九六頁、聖典八三七頁）であったのである。

# 第九五条

## 御法を喜ぶ門徒こそが伝道者

一　①聖教《しょうぎょう》よみの、②仏法を申したてたることはなく候ふ。③尼入道《あまにゅうどう》のたぐひのたふとやありがたやと申され候ふをききては、人が信をとると、前々住上人仰せられ候ふよしに候ふ。なにもしらねども、④仏の加備力《かびりき》のゆゑに尼入道などのよろこばるるをききては、人も⑤信をとるなり。聖教をよめども、⑥名聞《みょうもん》がさきにたちて心には法なきゆゑに、人の信用なきなり。

（註釈版一二六二頁、聖典八七三頁）

【語註】

①聖教よみ……経典・論書を朗読して聞かせる人。坊主分の人。

②仏法を申したてる……仏法の尊さを人々に知らしめる。

③尼入道……出家も学問修行もしたことのない、在家の身のまま仏法に帰依した女性の信徒や男性の信徒。女性門徒・男性門徒というに同じ。

④仏の加備力……多くは「加被力」と書く、仏の救済力を被ることをいう。
⑤信をとる……信心は仏の真実心を受信、キャッチすることであるから、信を獲るという。
⑥名聞……優れた学僧であり、門徒衆の持たない特別な知識を持った人であると仰がれたい、という名誉欲。

## 【意　訳】

「聖教を読んで聞かせる坊主たちが、仏法の尊さを説き広めたことなどないものである。在家の身のままで深く仏法に帰依した女性や男性の信徒が、〈尊いことでございます。ありがたいことです〉と申されるのを聞いてこそ、周りの人々が信心を獲るのである」と前々住上人（蓮如）は仰せられたとのことである。

聖教の中身など何一つ知らなくても、仏願力のご加護を被って尼・入道などの方々がお喜びになるのを聞いて、周りの人も信を獲るのである。他方、坊主たちは、聖教を読んで聞かせるだけの教養はあっても、名誉欲が先に立ってしまい、心には真に仏法を喜ぶ心がないから、人が信用しないのである。

## 【私　釈】

坊主たちを称して〈聖教読み〉とは、いかにも皮肉たっぷりの言い方である。

人間が積み重ねた知識や能力ではなく、如来の願力他力に依って立つ浄土真宗において、専門家と素人の別などあり得るはずもない。本願の念仏が生きてはたらく基としての信心とは、知識教養ではなく、法を聞く中に見出す喜びである。真に喜びを得た者こそが、他の人にも信心を獲させ、仏法を広める。聖教を読み聞かせ、仏徳讃嘆の法要儀式を主催し集いの場を提供する坊主は、いなくてはならぬが、補助的存在に過ぎない。

浄土真宗における伝道の基本理念は、善導大師の『往生礼讃』にある「自信教人信」の語に示されている。上下ではなく横に広がる同朋関係を基本に据える在り方である。主役は、〈如来・聖人の直弟子〉を意味する〈門徒〉たちである。阿弥陀如来の本願力の加護に依って立つ浄土真宗においては、如来・聖人の仰せに直参する信心の行者こそがその担い手である。浄土真宗を担う主役は、たとえ文字を知らず名もなく貧しい庶民であろうと、信心を喜ぶ一人ひとりの門徒である。このことは、親鸞聖人の『御消息』にも、また親鸞聖人の妻の残した『恵信尼消息』にも見られるところである。それがまた、蓮如上人の悪戦苦闘の長い経験によって再確認された伝道理念であったということが、最初の一段に示されている。

その後に続く補足の言葉は誰の所見であろうか。この条の底本である『蓮如上人一期記』の著者であろうか。

真の喜びを見出した門徒たちが、坊主たちを育て支えつつ、「一人なりとも信を獲る人の現れることこそ仏法の繁盛」との理念のもと、「世のなか安穏《あんのん》なれ、仏法ひろまれ」(『親鸞聖人御消息集』註釈版七八四頁、聖典五六九頁）の願いを共有してゆくのが、あるべき宗門の姿であるという示唆であろう。

伝道布教は、〈売り心〉で積み重ねた教養を誇る坊主のお説教ではなく、一門徒としての、喜びの伝達でなければ果たされないという識見が示されている。

逆に坊主の立場に沿っていえば、坊主もまた一門徒に立ち返って信心の喜びを見出すことこそが仏法繁盛の原点、との示唆であるともいえよう。

# 第一〇二条

## 明日はない無常の身

一　前々住上人仰せられ候ふ。仏法のうへには、事《こと》ごとにつけて①空《そら》おそろしきことと存じ候ふべく候ふ。ただ②よろづにつけて油断《ゆだん》あるまじきことと③存じ候へのよし、折々に仰せられ候ふと云々。仏法には④明日《あす》と申すことあるまじく候ふ。仏法のことはいそげいそげと仰せられ候ふなり。

（註釈版一二六四頁、聖典八七四頁）

**【語　註】**

①空おそろしき……如来の眼差しが注がれていると意識して畏れ多く思うこと。
②よろづにつけて……万事につけて。
③存じ候へのよし……心得ていなさいとのこと。
④明日と申すこと……明日になってからすればよいと油断すること。

## 【意　訳】

蓮如上人は仰せられた。仏法を拠り所として生きる身となった上は、自分のしていることは一つ一つが空恐ろしいことなのだと心得なければならない。万事につけて油断があってはならぬと心得よ、との折りにふれての仰せであったという。「仏法に、〈明日もある〉と油断してもよいなどということがあろうはずはない。諸行無常の警告を忘れるな、仏法に係わることは大急ぎでせよ」と、仰せられたものである。

## 【私　釈】

〈空恐ろしい〉という言葉が鋭く突き刺さる。無常の理は待ってはくれない。一寸先は闇である。何が起こるかわからぬ。油断はするな、ということであるが、それを忘れてうかうか過ごすわが身をじっと見つめていてくださる如来の眼差しの厳しさを感じさせる言葉である。

もうわかった、私は心得ている、などと思うことは誤りである。わかった気になっていては、かえって危ない。如来の大慈悲は何のため、誰のためであったかを忘れるな。明日をも知れぬ無常の身、如来の御心に背きつつしか生きられぬ煩悩具足の身であるからには、油断などあってはならないはずである、ということであろう。

どんな小さな罪も見逃さぬ仏の眼差しをも感じさせる言葉である。広大無辺にして逆悪の衆生をも捨てぬ如来の大悲ながら、寸毫のごまかしも効かない仏智でもあることを、思い知らさせる訓戒でもある。

「仏法のことは急げ」とはどういう理由であろうか。世間のことは、時を失してもよいということではないが、所詮は〈喉元過ぐれば熱さを忘る〉類のことも多い。仏法のことは、時を失えば、〈悔いを千歳に残す〉ことになる。子々孫々の行方を思えば、どうして急がずにおられようかということであろうか。

仏法は、人生総体の意味にかかわる重大事であるとの警告と思われる。

# 第一〇三条 なかったはずの今日という日

一　おなじく仰せに、今日の日は①あるまじきと思へと仰せられ候ふ。なにごともかきいそぎて物を②御沙汰《ごさた》候ふよしに候ふ。ながながしたることを御嫌《おんきら》ひのよしに候ふ。仏法のうへには、明日のことを今日するやうにいそぎたること、③賞翫《しょうがん》なり。

（註釈版一二六四頁、聖典八七四頁）

【語　註】

①あるまじき……ないはずのもの。

②御沙汰……処理する、あるいは処置すること。

③賞翫……ほめる、もてはやす。

【意　訳】

また、蓮如上人は仰せられた。「今日という日はないはずのものだと心得なさい」と仰せられたのである。何事につけても大急ぎで処置されるのが常であったとのことである。長々としたことをお嫌いになったのである。仏法の精神に沿って生きる上からは、明日のことも今日のうちにしておくように急ぐことを尊重されたのである。

【私　釈】

今日という日はなくて当たり前のところを、幸運にももう一日だけ与えられたのだと思え、との仰せであったという。昨日死んで、今日はすでに亡くても不思議はない。それなのに一日だけ特別に猶予期間を与えられたのだと心得、決して無駄に過ごしてはならない。それが仏教徒としての心構えであるという教示である。

拙速でもよいから急げということではない。やり直しの猶予はないからである。緊張感を持って励めということでもある。

「明日のことを今日する」とは、後生の一大事を今日のうちに解決しておくということを連想させる物言いである。諸行無常の理に照らせば、後生の一大事（往生成仏の正因である信心を獲得すること）に、〈後で〉とか、〈明日には〉とかいう猶予はないはずであり、今日が最後のチャンスと、真剣に聴聞すべきであるということであろう。またすでに信心を獲た上からは、粉骨砕身の報恩に油断あるまじきことであるとの示唆でもあろう。

あるお寺の書院の中柱に「後生の一大事とは、今日ただ今ということ」という標語が掲げられてあったことを思い出す。

二度とは来ない今の時を空しく過ごすことなかれという意味であろうと、感銘をもって読んだことである。

往生浄土の教えは、未来主義でも現実逃避でもないということでもある。

# 第一〇六条

## 聞きっぱなしでは心得が直らない

一　前々住上人法敬《ほうきょう》①に対して仰せられ候ふ。②まきたてといふもの知りたるかと。法敬御返事に、まきたてと申すは一度たねを播《ま》きて手③をささぬものに候ふと申され候ふ。仰せにいはく、それぞ、まきたてわろきなり。人に直《なお》されまじきと思ふ心なり。心中《しんちゅう》をば申しいだして人に直され候はでは、心得《こころえ》の直ることあるべからず。まきたてには信④をとることあるべからずと仰せられ候ふ云々。

（註釈版一二六五頁、聖典八七四～八七五頁）

【語註】

①法敬……法敬坊順誓のこと。蓮如上人の信頼厚い側近の弟子。上人より六歳年少。上人が住職継職前の宝徳年間から近侍し、上人滅後十一年の九十歳まで生きた。子弟や弟子たちの間でも敬意を払われたらしく、本書においても敬語が用いられている。石川県金沢市五宝町照円寺の開基。

②まきたて……種を蒔いただけで放置しておくこと。
③手をささぬ……手を加えぬ、手入れをしないの意。
④信をとる……信心を獲得するというに同じ。弥陀の願心を信受すること。

**【意　訳】**

蓮如上人は法敬坊に対して仰せられた。「〈まきたて〉というものを知っているか」と。法敬坊はご返事に、「〈まきたて〉というのは、一度種を蒔いただけで手を加えぬことでございます」と申された。すると、上人は「それだよ、その蒔きっ放しが悪いのだ。他人から直されたくないと思う心が善くないのだ。心に思ったままを申し述べて、人に直されなければ、心得違いが直るはずはないのだ。〈まきたて〉のままでは信心を獲ることができようはずはない」と仰せられたことである。

**【私　釈】**

仏法を聞いても、自分なりに解釈したままの思い込みでいては、如来真実の御心を信受することはできない。必ず心得違いに陥っているものだ。だから、聞きっぱなしでは駄目だ、と仰せられる。聞きっぱなしのまま放置して、他人の意見をも聞いて自分の受け取り方が間違っていないかどうかを確かめようともしないのは、他人から直されたくないという我執が潜んでいるからである。その我執が善くないのだと指摘してある。

そして、誰であろうと心得違いはあるはずで、人に直されなくては他力の信心は得られないものだと押さえてある。

このような指摘からすると、ただ黙って聞いていては駄目で、ましてや読書や思索で如来の真実に遇えるかどうかは怪しいということになる。話し合いの座での確認ということが決定的に重要であるということにもなろう。

「ものを言え、ものを言え」という、別条に見える催促とも重ね合わせて味わうべきところであろう。

# 第一〇七条──人に直されようという心がけが肝要

一　何《なに》ともして人に直され候ふやうに心中を持つべし。わが心中をば①同行《どうぎょう》のなかへ打ちいだしておくべし。下《げ》としたる人のいふことをば用ゐずしてかならず腹立《ふくりゅう》するなり。あさましきことなり。ただ人に直さるるやうに心中を持つべき義に候ふ。

（註釈版一二六六頁、聖典八七五頁）

【語　註】

①同行……元来は、念仏の行を共にする仲間という意味の言葉。多くは知識（師友）に対して弟子の分際を表し、親鸞聖人の御弟子というほどの意味で用いられる。

【意　訳】

何とでもして、自分の心得違いを人から直されるように心掛けることが必要である。そのためにも、自分の心の中を仏法聴聞の仲間の中へさらけ出しておくのが善い。多くは、目下と思う人の言うことを聞き入れようとせず、決まって腹を立てるものである。これこそ浅ましいことである。ともかくも人から直されるように心掛けることが大切である。

【私　釈】

前条の趣旨をさらに展開して述べた一条であると見られる。

他人から心得違いを指摘されたり、受け取り方を学び直したりはしたくない、という我執を振り払い、自分の心の中を仏法聴聞の仲間の前にさらけ出して店晒しにするような覚悟を求める言葉である。特に、仏法聴聞の上での後輩や年下の人に対しては、面子にこだわって素直になれないのは恥ずべきことである、と痛いところに釘を刺してある。あたかも、〈命までかけなくてもよいが、汝にとって虎の子の、その面子を捨てよ〉と言わんばかりである。

「何ともして」と言い、「わが心中をば同行の中へ打ち出しておく」という表現に込められた、上人の生涯かけての執念ともいうべきものを感じる。

# 第一〇九条　極貧の中にも信の喜び

一　蓮如上人、①兼縁《けんえん》に対せられ仰せられ候ふ。たとひ②木《き》の皮《かわ》をきるいろめなりとも、な③わびそ、ただ弥陀をたのむ一念をよろこぶべきよし仰せられ候ふ。

（註釈版一二六六頁、聖典八七五頁）

**【語　註】**

①兼縁……蓮如上人の七男、蓮悟坊兼縁のこと。加賀二俣の本泉寺に入り、後に若松本泉寺を建立して一揆に活躍したが、大小一揆に破れて能登に逃れ、隠居して慶光坊と称した。『蓮如上人遺徳記』ならびに本書に所収の蓮如上人言行録の一つ『蓮如上人御物語次第』の著者。この一条もその第三十九条に掲げる。つまりは、これは聞き手本人の伝承である。

②木の皮をきるいろめ……木の皮を編んで身にまとうような貧しい身なり。

③なわびそ……嘆くな、悲しむな、気落ちするな等の意。

【意　訳】

蓮如上人は蓮悟坊兼縁に対して仰せられた。「たとえ、木の皮を編んで身にまとう程に貧しい身なりとなろうとも、気落ちしたり悲しんだりはするな。ただひとえに弥陀を信じて往生を期する身であることを喜べばよいではないか」との仰せであった。

【私　釈】

蓮悟師はこの時、上人にどんなことを訴えたのであろうか。加賀の一揆の統率者の一人として名を馳せた蓮悟師にして、窮状を訴えねばならぬいかなる事情があったのかはわからない。しかし、蓮如上人の応対は確固として躊躇がない。読書のための灯油さえ買えなかった、また家族が一杯の粥を薄めて三つに分けて啜らねばならぬ程貧しかった自分の過去が、頭をよぎったであろう。次々と生まれてくる子どもたちも、ほとんどを里子に出さねばならなかった。ほかならぬ蓮悟師もその一人であったはずである。

それでも、胸には燃える情熱がたぎっていた上人であったことは、別条に縷々と伝承されている。その情熱とはすなわち信心の喜びであったと、ここで明かされている。

「信心一つがあれば、いかなる貧しさも苦にはならぬではないか。ただ信心を喜べばよいではないか」との、父君蓮如上人の仰せであったというのである。

その言葉を蓮悟師がどう聞いたのかは語られない。ただ、その言葉のままが録されたのである。父と子の絆を超えた、大いなる光の中の二人がイメージされるばかりである。

# 第一一四条──仏法をすたらせぬ奥義

一　おなじく仰せに、まことに一人《いちにん》なりとも信をとるべきならば、身を捨てよ。①それはすたらぬと仰せられ候ふ。②

（註釈版一二六八頁、聖典八七六頁）

**【語　註】**

①身を捨てよ……男女・老少・貧富・貴賤・学識の有無など問題にせずはたらきかけよということ。

②すたらぬ……廃らぬ。無駄にはならない、消えてはゆかない。

**【意　訳】**

蓮如上人はこうも仰せられた。「たった一人でも、この人こそ信心を獲りそうだと思ったときは、わが身を顧みず、命がけでその人にはたらきかけよ。その伝道の試みは決して無駄になることはないであろう」との仰せであった。

【私　釈】

「宿善開発の機はおのづから信を決定すべし。されば無宿善の機のまへにおいては、（中略）かへりて誹謗のもとゐとなるべきなり」（『御文章』三帖目十二通、註釈版一一五八頁、聖典八一二頁）といい、「宿善の有無の根機をあひはかりて人をば勧化すべし」（『御文章』四帖目一通、註釈版一一六三頁、聖典八一五頁）とある。宗教的感性は人ごとに違いがあり、さまざまである。同じ浄土真宗の教えとはいっても、誰でもが同じように受け止めるわけではない。さらにいえば、同じ一人の人であっても、一生のうちには、宗教意識に大きな変化が起こることもあろう。

相手の根機、意識のありように注意しなければ伝道は成り立たないという指摘は、もっともである。それは信における個人の主体性の尊重ということでもあろう。

そのことを踏まえた上で、この人こそ宿善ある人、信心獲得すべき人であると思ったら、自分と相手の身分も立場も無視して語りかけ、はたらきかけよ、との示唆である。

「それはすたらぬ」というのは、単にそのはたらきかけが無駄にならないというに止まらず、必ず周りの人にも伝播して、仏法繁盛の基となるに違いない、という意味をも含むものと思われる。そうやって、私は今日の宗門の隆盛を築いてきたのだという、確信に満ちた物言いである。

「信心をよく決定して、ひとにもとらせよ」（第一六条、註釈版一二三七頁、聖典八五七頁）という伝道の原点に立ち、「たとひ片目つぶれ、腰をひき候ふやうなるものなりとも、信心あらん人をばたのもしく思ふべきなり」（第九七条、註釈版一二六三頁、聖典八七三頁）と、同朋・同行のあることを力とし、

「大和《やまと》の了妙《りょうみょう》は帷《かたびら》一つをも着かね候へども、このたび仏に成るべきよ」（第七二条、註釈版一二五四頁、八六八頁）と、相共に浄土往生を期する身であることを喜びとして生きようではないかと、呼びかけていてくださるお言葉とも味わうことができる。

# 第一一九条　聞き違いのないよう談合せよ

一　前々住上人①御法談《ごほうだん》以後、四五人の②御兄弟へ仰せられ候ふ。四五人の衆《しゅう》③寄合《よりあ》ひ④談合《だんごう》せよ。かならず五人は五人ながら⑤意巧《いぎょう》にきくものなるあひだ、よくよく談合すべきのよし仰せられ候ふ。

（註釈版一二七〇頁、聖典八七七頁）

**【語註】**

①御法談……蓮如上人が、法語の解説などをして聞かせたこと。夕方の勤行の後、朝の勤行に唱えた親鸞聖人の『和讃』についての法話をなさるのが慣例であったことがうかがえる。聴衆は本願寺に仕える直弟子や子息たちであったと思われる。

②御兄弟……蓮如上人の子息たちのこと。

③寄合ひ……村落での会合や、仏法の講座のために集合すること。

④談合……話し合い、討論すること。

⑤意巧……自分に都合のよいように解釈すること。

【意　訳】

蓮如上人はご法話をなさった後で、その座に連なった四、五人のご子息たちに仰せられた。「法話を聞いた後は、四、五人の数の者で集まっては、確認のための話し合いをすることが必要である。必ず五人いれば五人とも、それぞれ自分に都合のよいように聞くものであるから、よくよく話し合って受け取り違いのないようにすることが大切である」との仰せであった。

【私　釈】

五人いれば五人とも「意巧に聞く」ものだとは、鋭い指摘である。〈自分勝手な解釈〉という耳栓をしてしか聞かないのが人間の性だというのである。聞くという最も受け身で受容的な形ですら、我執に根づく自己主張がはたらくということであるが、別の見方をすれば、それを批判的に点検してこそ、真の意味で主体的な受け止めができて、信も獲られるのだということでもあろう。

〈四、五人の衆〉という規模の話し合いが、最も意見の多様性と理解の深まりを期待できる場作りであるというのは、上人の長年の経験に基づく智見であろう。

「「愚者三人に智者一人」とて、なにごとも談合すれば面白きことあるぞ」（第一四五条、註釈版一三一一頁、聖典九〇一頁）という別条の言葉もある。話し合いの中で思わぬ発見をして喜ぶことが多いものだということであろう。法を聞き、信を獲る上で最も大切なのは、博学多識でも沈思黙考でもなく、座談であり話し合いである、という指摘は、甚だ重要な視点であると思われる。

# 第二二条　一人なりとも信を獲るが一宗の繁盛

一　①一宗《いっしゅう》の②繁昌《はんじょう》と申すは、人のおほくあつまり、③威《い》のおほきなることにてはなく候ふ。一人《いちにん》なりとも、人の④信をとるが、一宗の繁昌に候ふ。しかれば、「⑤専修正行《せんじゅしょうぎょう》の繁昌は遺《ゆい》弟《てい》の念力《ねんりき》より成《じょう》ず」とあそばされおかれ候ふ。

（註釈版一二七一頁、聖典八七七頁）

**【語　註】**

①一宗……ここでは浄土真宗をいう。
②繁昌……多くは繁盛と書く。昌も盛と同音同義。
③威のおほき……勢力の大きいこと。
④信をとる……信を獲る。仏意仏願を信受する（受け取る）こと。
⑤「専修正行の～」……覚如上人作『報恩講私記』（註釈版一〇六八頁、聖典七三九頁）の一節。

【意　訳】

わが浄土真宗においての一宗繁昌というのは、人が多く集まり、勢力絶大であるということではないのである。たとえ一人なりとも、真に仏意仏願を信受する人が現れることこそが浄土真宗の繁昌である。だからこそ、『報恩講私記』にも、「ただ念仏一つという真宗の繁昌は、聖人の遺弟の信心の力によって成就する」と、書き残されてあるのである。

【私　釈】

法然聖人の登場以前の仏教界では、鎮護国家を標榜しての「令法久住」〈仏法の永久なる存続〉が謳われてきたが、それは多分に権威主義的、集団主義的理念であり、〈われらに仏法あり〉という高圧的なものでもあった。この時代の僧侶たちが当時の支配者層の子弟によって占められていたことが背景にあると思われる。

そういう仏法の伝統を破壊するものとして、専修念仏の教えは断罪され、法然聖人、親鸞聖人らは流刑に処せられたのである。伝統に反する専修念仏の特徴は、庶民の一人ひとりを阿弥陀如来の救いの正客に据えるという点にあった。一人ひとりにおいての、〈このわれを救わんとの弥陀の本願まします〉という信心に立つ点にあった。

ここでは、その浄土真宗は、数の多さ、集団の大きさ、勢力の強さを求める宗教ではないと宣言してある。名もない庶民に、〈一個人の心に宿り、花開く信心〉をもたらそうという浄土真宗であるのだと訴えてある。

その一人として自ら立ち、もう一人の一人を求めて語りかける、それが真宗の念仏者であり、親鸞聖人の遺弟の道であると言い、すでに本願寺の創立者、第三代覚如上人の著である『報恩講私記』にも「真宗の繁昌は、聖人の遺弟の信心の力によって成就する」とあるではないか、と押さえてある。

聴聞者どうしの語らいの場の重視という上人の指導方針も、このような観点に立ってのものであったことがうかがわれる。

言外には、世間の目には、〈人が多く集まり、勢力絶大である〉と映っているに違いない宗門の現実に、これが真の法義繁盛であるのかと問わずにいられなかった上人の思いを垣間見ることができる。如来の眼差しを感じる重い言葉である。

# 第一二三条

## 楽しませるためではなく仏にするための極楽浄土

一　前々住上人仰せられ候ふ。①聴聞《ちょうもん》　②心《こころ》に入れまうさんと思ふ人はあり、③信をとらんずると思ふ人なし。されば極楽《ごくらく》はたのしむと聞きて、④まゐらんと願ひのぞむ人は仏に成《な》らず、⑤弥陀をたのむ人は仏に成ると仰せられ候ふ。

（註釈版一二七一頁、聖典八七七頁）

**【語　註】**

①聴聞……仏法を聞くこと。聴は「耳声を待つ」「ゆるされてきく」と釈され、注意深く聞き取ることをいう。聞は「声耳に入る」「しんじてきく」と釈され、「聞こえる」とも読む。仏意を察知、信知すること。

②心に入れまうさん……熱意をもってしよう。

③信をとらんずる……きっと信心を獲ろう。

④まゐらんと……往生したいと。

⑤弥陀をたのむ……弥陀の御心を確かに受信し、受け取って、拠り所と仰ぐ。

**【意　訳】**

蓮如上人は仰せられた。「熱意を込めて仏法を聴聞しようと思う人は少なくないのだが、きっと信心を獲ろうと思う人はなかなかいない。それが残念なところである。それというのも、極楽は楽しむ所だとばかり聞き覚えて、そこに往生したいと願い望むばかりで、阿弥陀如来のお心を置き忘れにしているからである。そういう人は成仏はできない。阿弥陀如来のわが身にかけてくださるお心を確かに受け止めた人こそが、阿弥陀如来の世界である極楽浄土に往生を遂げ、阿弥陀如来と同じく仏になるのである」と仰せられたことである。

**【私　釈】**

「いかに不信なりとも、聴聞を心に入れまうさば、御慈悲にて候ふあひだ、信をうべきなり。ただ仏法は聴聞にきはまることなり」（第一九三条、註釈版一二九二頁、聖典八八九頁）という説示もあって、浄土真宗は聴聞の宗教であるともいえる。

聴聞という言葉には、ゆるされて聞く、信じて聞くという意味があるという、宗祖の注釈がある。手前勝手な解釈はしてくれるな、阿弥陀如来のお心をこそ受け取れ、という意味であろう。ここでは、その聴聞における基本姿勢のあり方を問題にしてある。

仏法聴聞の肝要は、阿弥陀如来がわが身にかけてくださる願意を受信することにこそある。しかし、多くの人は、阿弥陀如来の極楽浄土が、わが心の欲求にかなった願わしい世界であると思って、そこに生まれたい、そのための方法を聴きたい学びたいと考えて聴聞に熱を入れているのである。しかしそれは、自己中心的なはからいに閉ざされた聞き方であり、阿弥陀如来のお心を無視したすがたであるといわねばならない。

楽を求めて極楽往生を願う（為楽願生）者は成仏の因としての菩提心が欠けているから往生はできない、というのが曇鸞大師の教えである（『浄土論註』下）。

菩提心とは、浄土に往生し成仏して、一切衆生を救おうという願い（願作仏心・度衆生心）である。そもそも、「安楽」といい「極楽」という楽の正体は、阿弥陀如来と諸仏の衆生救済の喜びであり楽しみなのであって、煩悩で感ずる喜び楽しみであろうはずはなかったのである。

人間の期待する欲楽の満たされた世界としては、極楽浄土とは別に、神々の住む天上界が説かれている。そしてその世界も無常の理を免れぬゆえに、〈天人の五衰〉という苦悩がいずれは襲ってくるというのである。

仏になって苦悩する衆生を救え、そのためにこそ浄土の大菩提心である信心を獲れ、という阿弥陀如来の願いをわが身に受け止めた者こそが、極楽浄土に往生し、阿弥陀如来と等しく究極の覚りに至るのである、と示された。信心はすなわち阿弥陀如来から届けられた往生成仏の因、浄土の大菩提心なのであるとの教えである。

とはいっても、〈ようこそこのわたくしに〉と受け取る信心の他に浄土の大菩提心というものがあるわけではないから、何も難しく考える必要はないのである。

# 第一二三条
## 仏教書のそばで驚きやすき人が育つ

一 ①聖教《しょうぎょう》を②すきこしらへもちたる人の子孫には、③仏法者《ぶっぽうしゃ》④いでくるものなり。ひとたび仏法を⑤たしなみ候ふ人は、⑥おほやうなれども⑦おどろきやすきなり。

（註釈版一二七一頁、聖典八六六頁）

**【語　註】**

①聖教……ここでは、『正信念仏偈』や『和讃』など真宗の教えを記した書籍。
②すきこしらへ……ここでは、すすんで買い求めること。
③仏法者……ここでは、深く仏法に帰依する人。
④いでくる……現れる。出てくる。
⑤たしなみ……仏法と縁を結び、仏法を学ぶ。
⑥おほやう……大様、大雑把である。焦点がはっきりしていない。

⑦おどろきやすき……わが事と受け取って、はっとしやすい。

【意　訳】

「聖教をすすんで買い求め所持する人の子孫には、深く仏法に帰依する人が出てくるものである。幼少の頃から仏法に縁を結んだ人は、大雑把に見えても、わが事と受け取って、はっとしやすい感受性を持つものである。

【私　釈】

「聖教を読め、読め」と勧められた上人は、ご自身幼少の頃より聖教に親しんでお育ちになった方である。そして、家庭における聖教の存在が、その家に育つ子どもたちに大きな影響力を持つことに、お気づきになったということであろう。「おほやうなれどもおどろきやすきなり」とは、実に名言である。宗教的感性は幼少時の仏縁に基づくことが多く、その時期に仏法の言葉に触れることが大切であるということであろう。

越前吉崎において『正信念仏偈』『和讃』の刊行をなさった理由もここにあったと知られるところであり、数多くの『お文』を書き残して、後年の五帖の『御文章』の発刊の基を築かれたことの意味もここにあったことがうかがわれる。

口で言ったことは消えてゆくが、文字に書き記したものは失せないとも言われたという。

それればかりではない。後世、仏壇が普及し、門徒たちの家々に『正信念仏偈』『和讃』『御文章』が例外もなく備えつけられる事態が生み出され、その上に真宗文化の花が咲き続けてきたことを思うとき、その礎を築いてくださったのは他ならぬ蓮如上人であったと気づかずにはおれないのである。明治時代に学校教育が始まるや、またたく間に識字率が世界最高水準になったというのも、このことが背景として大いに寄与してのことであったに違いないのである。

# 第一二八条――仏法の世界では大雑把は駄目

一　法にはあらめなるがわろし。[①]世間には微細《みさい》なるといへども、[②]仏法には微細に心《こころ》をもち、[③]こまかに心をはこぶべきよし仰せられ候ふ。

（註釈版一二七二～一二七三頁、聖典八七八頁）

**【語　註】**

①あらめなる……荒目である。大まか・大雑把の意。おほやう（大様）に通じる。

②世間には微細なる（がわろし）……俗世間の事柄においては細かすぎるのはよくないというが、ということ。

③仏法には微細に心をもち……仏法の教えについては、あらゆる角度から吟味し、表現の奥にある真意を的確に受け止めることが大切であり、物言いについても、取り違えをされないよう細かな配慮が必要だということ。

**【意　訳】**

「仏法に関する事柄においては、大雑把な受け取り方や物言いはよくない。世間のことについては、細かすぎるのは困りものだというが、仏法においては、聴聞するにつけても、受け取ったところを人に伝えるにつけても、きめ細やかな心配りと厳密さが必要なのである」と、蓮如上人は仰せられたことである。

**【私　訳】**

『仏説無量寿経』には阿弥陀如来がまだ法蔵菩薩であった昔に立てたもうた念仏往生の誓願を、「たとひわれ仏を得たらんに、十方の衆生、至心信楽《ししんしんぎょう》してわが国に生ぜんと欲《おも》ひて、乃至十念《ないしじゅうねん》せん。もし生ぜずは、正覚《しょうがく》を取らじ。ただ五逆《ごぎゃく》と誹謗正法《ひほうしょうぼう》とをば除く、〈設我得仏　十方衆生　至心信楽　欲生我国　乃至十念　若不生者　不取正覚　唯除五逆誹謗正法〉」（註釈版一八頁、聖典一八頁）と説いてある。

　これを上人は、『ご文章』「末代無智章」において、「末代無智の在家止住の男女たらんともがらは、こころをひとつにして阿弥陀仏をふかくたのみまゐらせて、さらに余のかたへこころをふらず、一心一向に仏たすけたまへと申さん衆生をば、たとひ罪業《ざいごう》は深重《じんじゅう》なりとも、かならず弥陀如来はすくひましますべし。これすなはち第十八の念仏往生の誓願のこころなり。かくのごとく決定してのうへには、ねてもさめてもいのちのあらんかぎりは、称名念仏すべきものなり」（註釈版一一八九頁、聖典八三二～八三三頁〉と示された。

「十方衆生」といえば、〈あらゆる生き物〉と大雑把に訳しそうなところであるが、上人は、〈末代無智の在家止住の男女〉と押さえられた。〈釈尊の時代を遠く離れ、覚りの智慧などとは無縁の、出家修行を試みることもなく一生を過ごす者、男も女も問わず、このわれわれは〉と仕分けして、このわが身こそがお目当ての弥陀の誓願であったことを明確にお示しになるのである。

これが、〈きめ細やかな心配りと厳密さ〉というものであろう。その後の言葉も同様の細かい配慮の込められた意訳が続いている。

『ご文章』の一節一節が、文字を知らない門徒たちの心に、阿弥陀如来の御心を確かに届けるための、深謀遠慮の結晶であることがわかる。

# 第一三〇条　一つのことを初めてのように聞け

一　ひとつこと①を聞きて、いつもめづらしく②初《はじ》めたるやうに③、信《しん》のうへには④あるべきなり。ただ珍しきことをききたく思ふなり。ひとつことをいくたび聴聞《ちょうもん》申すとも、めづらしく初めたるやうにあるべきなり。

（註釈版一二七三頁、聖典八七八〜八七九頁）

【語　註】

①ひとつこと……ただ一つのこと。弥陀の真実、本願念仏の救いをいう。
②めづらしく……目新しく、賛美すべきの意。
③初めたるやうに……初めて聞くような態度でということ。
④信のうへには……信心を獲た上での聴聞においてはということ。

【意　訳】

阿弥陀如来の救いということ一つを聞いて、そのつど珍しいことを初めて聞くような態度でいられるのが、信を獲た上での聴聞というものである。

信を獲ていない者にかぎって、ややもすると耳新しく珍しいことばかりを聞きたがるものであるが、阿弥陀如来の救いということ一つを何度聴聞しても、驚きと感動をもって初めての如く聞くのがあるべき姿である。

【私　釈】

〈ひとつこと〉とは、「南無と信《たの》め、この阿弥陀が救う」との阿弥陀如来の仰せである、ということである。

人間の思いや計らいを超えた大いなる弥陀の誓願、久遠不滅の真実は、われわれの心にはおさまりようのない広大無辺なるものであって、その呼びかけは、「われに帰せよ」の他はない。このこと一つこそ、止むことも倦むこともない如来の呼びかけである。幾度聞いても、「阿弥陀如来なればこそ」「こんなわたしにようこそ」と、驚き仰ぐばかりである。

自分の心に叶《かな》い、感動や喜び、感謝の念をもよおすような、耳新しく珍しい話ばかりを聞きたがるのは、わが心に執らわれていまだ信心を獲ていないからである。わが心を超えた大いなる真実を聞く信心なのである。何度も聞いた話でも、毎度毎度珍しく初事初事と喜ぶべきが、本当であろう。

信の上の聴聞、生涯かけての聴聞とは、そのようなものである、とのお示しである。

# 第一三五条　神仏に捧げようとの心が邪魔をする

一　蓮如上人仰せられ候ふ。仏法にはまゐらせ心①わろし②。これをして御心《おんこころ》③に叶《かな》はんと思ふ心なり。仏法のうへはなにごとも報謝《ほうしゃ》④と存《ぞん》ずべきなりと云々。

（註釈版一二七四頁、聖典八七九頁）

**【語註】**

①まゐらせ心……「まゐらす」は、進上する、献上するの意。して差し上げようということ。自分が積んだ功徳を仏に捧げて見返りを期待する自力心。

②わろし……悪し。心得違いであるということ。

③御心に叶はん……如来のお眼鏡にかなって利益を得よう、とへつらうこと。

④報謝……もとより救わずにはおかぬという阿弥陀如来の慈悲に応えんとする報恩謝徳のいとなみ。

【意　訳】

　仏法においては、何かを仏に進上して見返りを期待しようとする思いはからいこそが邪魔になる。これをして仏のお心に叶おうと思うのは自力のはからいというものである。本願他力の仏法に帰依した上からは、何事も、お慈悲を喜ぶ中からさせていただく報恩謝徳のいとなみと心得るのがふさわしいのである。

【私　釈】

〈願かけをする〉〈祈りを捧げる〉という世間的通念とは全く逆転したものが、本願他力の仏法であることを際立たせた教示である。

　これをしてあれをして、〈祈りを捧げる〉という思い入れこそ、悪しき心得違いなのであるという。煩悩渦巻く下心をもととして、陳情し訴えて、見返りを期待するのは仏法に反する。つまりは如来の御心を尋ねず、知らず、聞こうともせぬ間違った態度である、との指摘であろう。力ある者に金品を献上してこびへつらい、利得にあずかろうという賄賂工作と、どこが違うのかと問われているようにも思われる。

　しかし、そのような自己中心性や虚仮不実を弥陀如来が咎めたもうことはない。すでに五劫の思惟でお見通しのことである。そのままのわれわれに、真実の信心を届けて救おうとの本願であったのである。その本願他力の法に帰依し、随順する身となった上からは、〈阿弥陀如来なればこそ、ようこそこのわたしに〉と喜ぶ中から、如来大悲の恩徳に対する報謝と心がけての上で、何事も行うことが望ましい、との結びである。

# 第一三七条　得手勝手な受け取り方をせず、同行と談合せよ

一　一句一言《いっくいちごん》を聴聞《ちょうもん》するとも、ただ得手《えて》①に法をきくなり。ただよくきき、心中《しんちゅう》のとほりを同行《どうぎょう》②にあひ談合《だんごう》③すべきことなりと云々。

（註釈版一二七五頁、聖典八七九頁）

【語註】

①得手に……自分の意に合うように、自分に都合の良いように。

②同行……元来は、念仏の行を共にする仲間という意味の言葉。多くは知識（師友）に対して弟子の分際を表し、親鸞聖人の御弟子という意味で用いられる。

③談合……共に聞いたことの意味内容についての感想を語り合い、その真意を確認し合うための話し合い。

【意　訳】

ひと言ふた言の教えを聴聞するにつけても、とかく人は自分に都合の良いようにばかり受け取るものである。要は、心を静めてよく聞き、心に受け取った通りを正直に申し出して、念仏の仲間とよく話し合うことが大切であるとのことであった。

【私　釈】

災害時の避難勧告や避難指示を聞いてすら、〈わが家はまだ大丈夫〉と割引きして聞くのが常であるという。他人の警告より、自分の経験と判断の方が優るように思うからであろう。素直でないのが凡人の習性である。

かねがね抱いてきた自分の人間観や人生観・世界観・宗教観は変えにくい。それらの自分の物差しを変えないでも済む範囲で、人は解釈し、納得したりしなかったりするものだという点が、まず指摘されている。〈ものは取りよう〉〈十人十色〉というわけである。まさしく、おのおの自力のはからいは捨て難いのである。

しかしそんな聞き方では、仏意・仏願は心に届かない。「源空が信心も、如来よりたまはりたる信心なり。善信房の信心も、如来よりたまはらせたまひたる信心なり。さればただ一つなり」（『歎異抄』後序、註釈版八五二頁、聖典六三九頁）という、他力の信心が獲られようはずがない。

要は、自分の物差しに自惚れずによくよく聞いて、さらには信頼すべき念仏の仲間がそれぞれどう受け取ったのかを語り合い、聞き合っていく中で、ようやく教えの真意も受け取れるものだと心得なさい、と締めくくってあるのである。

〈如来よりたまはりたる信心〉とは、このような聴聞と談合を通して、〈阿弥陀如来がこのわたしに〉と、聞く耳が開けたことに他ならないとの導きの言葉である。

# 第一四一条　王法は額にあて、仏法は内心に蓄えよ

一　①王法は②額《ひたい》にあてよ、仏法は③内心にふかく蓄《たくわ》へよとの仰せに候ふ。④仁義《じんぎ》といふことも、⑤端正《ただしく》あるべきことなるよしに候ふ。

（註釈版一二七六頁、聖典八八〇頁）

**【語　註】**

①王法……政権の定めた法律。
②額にあてよ……平伏して従え。
③内心にふかく蓄へよ……自らの拠り所として見失うな。
④仁義……儒教の仁義に代表される世間的な通念としての社会道徳。
⑤端正《ただしく》……社会道徳を逸脱しない。

【意　訳】

「国家の定めた法律には従順に従うべきであり、仏法の教えは自らの拠り所として内心に深く蓄えて見失わないようにしなさい」との仰せであった。「社会の通念である道徳にもきちんと従うことが望ましい」とのことであった。

【私　釈】

仏法伝来以来、奈良時代の六宗も平安時代の天台・真言二宗も、国家＝王法の支配下にあって、国家を鎮護するための文教政策の担い手の役目を果たしてきた。その王法の権力乱用によって、宗祖は流罪に処せられ、専修念仏は禁圧された。それから二百五十八年後の、蓮如上人五十一歳の寛正六年（一四六五）、比叡山延暦寺の僧徒によって本願寺が破却されたことも、その延長線上のことであり、上人にとって生涯忘れようのない痛恨事であったはずである。

だが、歪曲した国家とその下に生きる人たちも真実の仏法に近づくようにと願い、人の世が安穏であるように、そのためにも真実の仏法が広まるようにと、共に念仏申そうと、同じ時代を生きる人々に呼びかけられたのが親鸞聖人であった。

上人五十三歳の応仁元年（一四六七）に起こったいわゆる応仁・文明の乱で京の都は焼け野が原となり、人々は人心不安の時代を生きなければならなかったのである。共に歩もうとする同朋同行の暮らしと行く末を思い、社会の安定を願わずにはいられなかった蓮如上人であったであろう。

王法を敵視するな、世間の仁義を軽視するな、それらが正しくあることこそ万人の願いではないか。それらがたとえ揺らごうと、揺らぐことのない本願の念仏こそ真の拠り所と、内心に深く蓄えよ。それがこの言葉の奥にある蓮如上人の思いであろう。国家権力や世間の常識に、ただ従順であれということではあるまい。すでに門徒たちによる一揆の時代が動きだした上での言葉であることを考えて味わうべきであろう。

一揆とは、元来は一致団結、連帯決起の意であって、近在の同行寄り合い集って、講を取り結んで定期的に法座を催し、志の金品を本願寺に送り、講の拠点として後の真宗寺院の基となる道場坊舎を建立した動きを指すものと見られる。しかし、自分たちが押し上げた本願寺を権威として自信をつけた門徒たちは、既に自分達が手中にした自治権を守るためには、武装放棄をも厭わなくなった。蓮如上人は一貫して制止的態度をとられたが、全面的否定はなさらなかったことも事実である。

# 第一五一条

## 仰げばいよいよたかし

一 「①きればいよいよかたく、仰《あお》げばいよいよたかし」といふことあり。物《もの》をきりてみてかたきとしるなり。②本願を③信じて④殊勝なるほどもしるなり。⑤信心おこりぬれば、たふとくありがたく、よろこびも⑥増長《ぞうじょう》あるなり。

（註釈版一二七九頁、聖典八八二頁）

**【語　註】**

①きれば……『論語』子罕篇の「仰之弥高、鑽之弥堅」からの引用。

②本願……阿弥陀如来が、まだ前身の法蔵菩薩であった久遠のいにしえに立てた誓願。これこそが弥陀成仏の根本原因であるから本願という。南無阿弥陀仏の名号をあらゆる衆生の耳から心に届け、信心として息づかせて、浄土に迎え取って成仏せしめ、一切衆生の救い主にならせようという誓願。

③信じて……信受して、あるいは信順して、ということ、如来の願を受信し随順して。

④殊勝……ことさらにすぐれている。
⑤信心……仏心を信受するの意。
⑥増長……ますます長じる。

**【意　訳】**

「〈切ればいよいよ堅く、仰げばいよいよ高し〉という言葉がある。実際にその物を切ってみて、初めてそれが堅いと知るものであり、また、見上げてみて、初めてそれの高いことを知るのである。それと同じで、本願を信じる身になって、初めてそれがどれほど尊くすぐれているかがわかるのである。信心が起これば、尊くありがたく、喜びもいよいよ増すものである」との仰せであった。

**【私　釈】**

このわが身にかけてくださった阿弥陀如来の誓い、このわが身への釈迦如来からの仰せと受け止めて、初めて本願念仏のみ教えの尊さありがたさがわかるのだという。信心とはそのような受け止め方をいうのだ、との示唆である。

信心は浄土往生の正因、すなわち決定要因であるばかりではなく、『仏説無量寿経』には、「信心歓喜」と示して、信ずることは大いなる喜びを得ることでもあると説いてある。今、〈尊くありがたく喜びも増長あるなり〉というのは、そのことも念頭においての言葉であろう。

まさしく、〈信心をもって本とする〉浄土真宗は、〈よろこび〉の宗教でもある所以を示したものである。

それを、『論語』の言葉を引いて述べてあるところが面白い。現代とは異なり、蓮如上人の時代には、文字も知らぬ人々の間にすら行き渡った物言いとして知られた言葉だったのであろうか。

〈よそ事と受け流さず、わが身に受けよ。そこにこそ信心の喜びがある〉との仰せである。

# 第一五五条

## ひまがないのをこじ開けて聞け

一　仏法には世間①のひまを闕《か》きてきくべし。世間②の隙《ひま》をあけて法をきくべきやうに思ふこと、あさましきことなり。仏法には明日といふことはあるまじきよしの仰せに候ふ。「たとひ③大千世界《だいせんせかい》に　みてらん火をもすぎゆきて　仏の御名《みな》をきくひとは　ながく④不退《ふたい》にかなふなり」と、『和讃《わさん》』にあそばされ候ふ。

（註釈版一二八〇頁、聖典八八二～八八三頁）

【語　註】

①世間のひまを闕きて……世事に追われて暇がないのをこじ開けて。

②世間の隙（ひま）をあけて……世間の用事をかたづけて、ひまができたら。

③大千世界……三千大千世界（千×千×千＝十億の世界）。これを一仏土とする。

④不退にかなふ……不退転の位につく。往生成仏確定の身となる。

【意　訳】

「仏法は、世間の用事に追われて暇がないのをこじ開けてでも聞くように心がけるがよい。用事をかたづけて暇ができたら聞けばよいなどと思うことは、浅ましい心得違いである。無常の理に立つ仏法においては、明日という先延ばしが許される道理がないではないか」と、蓮如上人は仰せられた。

「たとえ世界中に炎が満ちていようとも、ひるまず突き進んで、弥陀の名号を聞き信ずる人こそが、永く往生成仏の位に定まるのである」と、親鸞聖人が『浄土和讃』にお示しになっている通りである。

【私　釈】

所帯盛りの忙しい時に仏法など聞いていては暮らしのさまたげになる。歳をとって暇ができてから聞けばよい。そういう考え方の人が多いのは事実である。しかし無常の理は待っていてくれない。二度とない日々を、先の見えない人生を、悔いなく歩むために、いのちの時を空しく通りすぎることのないように、何よりもまず聞くべきは仏法である。幼少から、まず学ぶべきは仏法であったのである。それこそ身のためである。

〈暇がないのをこじ開けて聞け〉とは、老婆親切の至りともいうべき教示である。引用された『浄土和讃』の出典は、『仏説無量寿経』の末尾にある。「たとひ大火ありて三千大千世界に充満すとも、かならずまさにこれを過ぎて、この経法を聞きて歓喜信楽し、受持読誦して説のごとく修行すべし。（中略）この経を聞くものは、無上道においてつひに退転せず」（註釈版八一頁、聖典八六頁）とあるのである。

まさしく、火事場のくそ力を振り絞るようにして時間を作って聞け、その人こそ無上の覚りに向かって不退転の身となる、という叱咤激励の仏語である。

「仏法のことはいそげいそげ」とも言われ、「仏法には明日といふことはあるまじき」とは、切り立った上人の仰せである。

# 第一五七条　仏法を主とし、世間を客人とせよ

一　仏法①をあるじとし、世間②を客人《まろうど》とせよといへり。仏法③のうへよりは、世間のことは時《とき》にしたがひあひ④はたらくべきことなりと云々。

（註釈版一二八一頁、聖典八八三頁）

【語　註】

①仏法をあるじとし……仏法を信じ、仏法に仕え、仏法に従うこと。

②世間を客人とせよ……世俗的なことがらは、失礼のないよう適宜に対処せよ。

③仏法のうへより……仏法を基本的な拠り所として。

④あひはたらく……対応する、対処する。

【意　訳】

「〈仏法にはわがあるじとして忠実に従い、俗世間の事柄については客人をもてなすように礼節をも

って対応せよ〉との、法然聖人の遺訓がある。念仏の信心に立脚した上で、俗世間の事柄は状況に応じて対処するのがよろしい」との仰せであった。

【私釈】

「仏法をあるじとし、世間を客人とせよといへり」は、法然聖人の『和語灯録』二に「煩悩をば心のまら人（まろうど＝客人）とし、念仏をば心のあるじとしつれば」とあるのを承けての言葉と思われる。

これを承けて、蓮如上人は、念仏＝仏法・煩悩＝世間と置き換えられたことになる。客はいろいろ訪ねてくるが、主は変わらずただ一人と、自らを家人に譬えたものと見ることもできるが、客人である世間には、おもねらずへつらわず、礼節をもって応対するのがよく、主人である仏法には心からの忠節を尽くすことが、仏法の家に仕える従者の務めである旨を述べられたと解することができる。

法然聖人の言葉は、誰しもが抱えている煩悩を、嫌悪したり拒絶したりせず、時に従って来訪する客人と心得て、節度ある応接をせよ、念仏こそがわが心の主という基本だけは忘れるな、との意であり、念仏の法は煩悩を排除しないが、煩悩を野放しにしないだけの節度は必要である、と示したものであろう。

一方、蓮如上人はその〈客人〉を〈世間〉と置き換えられた。煩悩あるわが身ということを、煩悩で動く世間の中にある身と押さえ直されたのである。そのような世間の中に生きる上での、心構えを示すことに焦点を移されたことになる。

世間とは、朝廷であり、幕府であり、鎮護国家を標榜する比叡山ほかの仏教界に他ならなかった。武装蜂起の一揆で対抗するようなことは慎め、ということでもあろう。

時の権力者後鳥羽上皇の、常軌を逸した私怨の暴発によって引き起こされた承元の法難によって、法然聖人、親鸞聖人が流罪に処せられ、専修念仏が禁制になった故事を、忘れることができなかったからであろう。近くは比叡山僧徒による本願寺の打ち壊しに遭遇された上人である。こちらは単なる利権問題であったから、後には金品で解決されたのではあるが。

あるいはまた、今や巨大教団となった本願寺宗門に連なる門徒民衆の未来に憂いなきようにと、指針を示すという意味合いでもあったであろう。

# 第一六六条　仏法は知りそうもなきものが知る

一　蓮如上人、折々《おりおり》仰せられ候ふ。①仏法の義《ぎ》をばよくよく人に問《と》へ、物をば人によくよく問ひまうせのよし仰せられ候ふ。たれに問ひまうすべきよしうかがひまうしければ、②仏法だにもあらば、③上下《じょうげ》をいはず問ふべし、仏法は④しりさうもなきものが知るぞと仰せられ候ふと云々。

（註釈版一二八三頁、聖典八八四～八八五頁）

**【語　註】**

①仏法の義……仏法の本義、すなわち南無阿弥陀仏の名号に込められた本意、信心のありようということ。

②仏法だにもあらば……仏法を真に尊ぶ人でさえあれば誰であろうと。

③上下をいはず……身分も年齢も問わず。

④しりさうもなきもの……ここでは、文字をも知らず無知と見える者あるいは弱輩の者の意か。

【意　訳】

蓮如上人は折りにふれて仰せられた。「仏法の本義とは何かということをよくよく人に問いたずねなさい。何事も人によく尋ねることが大切である」とのことであった。誰に問えばよいでしょうかとお伺いしたところ、「仏法を真に尊ぶ人ならば、身分の上下も老若も問わず尋ねてみるがよい。仏法の本義は意外な人物が知っているものである」との仰せであった。

【私　釈】

蓮如上人が言われる〈仏法の義〉とは、他ではなく〈聖人一流のご勧化のおもむき〉であり、〈他力の信心〉である。〈しりさうもなきもの〉とは、『ご文章』五帖目第二通（八万の法蔵章）にある通り、「一文不知の尼入道なりといふとも、後世をしる」（註釈版一一九〇頁、聖典八三三頁）人であり、またことの〈智者〉である。〈後世を知る〉とは、弥陀の救いを信じ、自らの往生を疑わぬことである。男女老少を簡《えら》ばず、貧富貴賤を論ぜず、知恵才覚を要せぬ他力の信心であるから、〈しりさうもなきものが知る〉のである。

そして、このことこそが、念仏というより、真宗の信心というより、そもそも仏法全体を貫通する特徴なのであり、仏法の本義である、との蓮如上人の識見が示された一条である。「聖教よみの、仏法を申したてたることはなく候ふ。尼入道のたぐひのたふとやありがたやと申され候ふをききては、人が信をとる」（第九五条、註釈版一二六二頁、聖典八七三頁）とも指摘してあるのと共通の認識が示されてある。

〈もの知り顔〉の〈聖教読み〉に聞くより、無学であっても、〈このわたしへの仰せ〉と受け止めることを知った門徒の一人に聞く方が、得るところがあるはずだというわけである。

# 第一七六条

## 方便はありがたいお手回し

一　蓮如上人仰せられ候ふ。①方便《ほうべん》をわろしといふことはあるまじきなり。方便をもつて真実をあらはす②廃立《はいりゅう》の義よくよくしるべし。弥陀《みだ》・釈迦《しゃか》・善知識《ぜんぢしき》の善巧方便《ぜんぎょうほうべん》によりて、③真実の信をばうることとなるよし仰せられ候ふと云々。

（註釈版一二八六頁、聖典八八六頁）

**【語　註】**

①方便……元来は英語のアプローチに相当するサンスクリット語ウパーヤの翻訳語で、真実に引き寄せる巧みな方法便宜の意。これに二種あって、暫く用いることにより、かえって廃する仮の手だてとしての権仮方便と、究極の真実に引き入れる善巧方便がある。阿弥陀如来を方便法身と呼ぶのは後者の意であり、聖道自力の教えは他力念仏の道に引入するための方便であるというのは、前者の意である。ここでは、廃立の義という言葉で前者の意を、善巧方便という語で後者の意を示し、二義ともに兼ねた言い方になっ

ている。

②廃立……いったんは仮の方便（権仮方便）として説いた聖道自力の門を、ついには廃して、真実の他力浄土門を立てるということ。

③真実の信……真実信心ともいう。如来の真実心を信受すること。

【意　訳】

蓮如上人は仰せられた。「方便を悪いことのように言うのは、あってはならない心得違いである。方便を通してかえって真実を顕し、ついには方便を離れさせる権仮方便に込められた深意をよくよく心得なければならない。また、究極の真実を、自力に迷う者、愚痴の衆生にも受け取れるように、阿弥陀如来の摂取不捨の救いとして、釈迦如来説き表したまい、七高僧や祖師方また、これをわが身に引き当てて受け取りやすいように巧みにお導きくださった善巧方便あればこそ、われらごときの愚痴の凡夫も真実信心を獲させていただけるのである」との仰せであったということである。

【私　釈】

曇鸞大師は『浄土論註』下において、〈方便〉という言葉について、「正直を方といい、外己（己をさしおいての相手本位）を便といふ」と釈された。如来が愚鈍の衆生を憐れんで、己の真骨頂はさしおき、あえて衆生の力量に合わせて真実を示す道を選ばれたことをいうのである。いわゆる〈相手の目の高さに合わせて〉ということである。

煩悩を離れられない身でありながら、自己中心的な自力修行に執着する心を捨て難い人々のために、広く自力聖道門の教えを説き残された釈尊の教えは、自己の限界に気づかせ、自力無効を知らせて、他力浄土門に引き入れんがための権仮方便であった。

本来は人間の思慮を超え、言語表現の及ばぬはずの究極の真実である法性真如を、愚痴の凡夫にも拠り所として受け取れるように、法蔵菩薩の誓願、弥陀と浄土、南無阿弥陀仏の名号と開示してくださったのは、救い主弥陀・教え主釈迦の善巧方便である。七高僧・祖師方はそれをわがためと受け止め、種々に善巧方便して、ひとえに他力の信心をお勧めくださったのである。

「嘘も方便」などという俗語の言い回しに惑わされるな、ということであろう。

# 第一七九条　信の上の念仏はすべて仏恩報謝

一　蓮如上人仰せられ候ふ。信のうへは、たふとく思ひて申す念仏も、またふと申す念仏も仏恩にそなはるなり。他宗《たしゅう》には親のため、またなにのためなんどとて念仏をつかふなり。聖人の御一流《ごいちりゅう》には弥陀をたのむが念仏なり。そのうへの称名《しょうみょう》は、なにともあれ仏恩になるものなりと仰せられ候ふ云々。

（註釈版一二八七頁、聖典八八六～八八七頁）

【語　註】

①信のうへは……阿弥陀如来の救いを信じ喜ぶ身となった上は。

②仏恩にそなはる……仏恩報謝のいとなみと位置づけられる。

③念仏をつかふ……念仏をいわゆる〈おつかいもの〉にする。

④たのむ……信む。受信する、拠り所と仰ぐ、喜ぶの意。

## 【意　訳】

蓮如上人は仰せられた。「阿弥陀如来の救いを信じた上は、尊いことだと思って申す念仏も、また何気なくふと称える念仏も、ともに仏恩報謝となるのである。他宗では亡き父母のため、また何々のためなどというように、念仏を捧げ物として使うのであるが、わが親鸞聖人の門流においては、阿弥陀如来の救わずにはおかぬというお心を受け取って喜ぶことが念仏である。そのような信心を獲た上での称名は、どんな場合であっても、すべて仏恩報謝に相当するのである」と。

## 【私　釈】

念仏は祈りの行為ではなく、信心の喜びをもととして生まれる仏恩報謝のいとなみであるという。仏恩とは、わが身に被っている如来のお慈悲ということである。報謝とは恩を知り、その喜びの中から恩に応えようと励むことである。南無阿弥陀仏を聞かせ、信じさせて一切衆生を救おうというのが阿弥陀如来による大悲の行である。如来の大行が衆生の称名となって現れるのである。称えることは大悲を行じ大悲に応えているすがたである。それは、われわれ衆生の思惑を超えた如来のおはからいであり、おはたらきであるから、如来大悲の具現であり、「仏恩にそなはる」のである。

日本人の間では、宗教を、自分の望む目的を果たすための手段の一つとしてとらえる傾向が強い。いわゆる〈願い事とお祈り〉の世界として見る宗教観である。それは、宗教行為をも目的を果たすための一つの手段としてとらえているわけであって、大抵のことはお金で何とかなるが、それでも果たせないときは宗教の力で、という発想であろう。世代が変わっても変わりばえのしない子どもじみた風潮である。

そのような自己中心的な宗教観を「他宗」という言葉で一括し、弥陀の願力他力の念仏の独自性を際立たせてある。

# 第一八五条

## 仏法の肝要を端的に言え

一 仰せにいはく、仏法をば①さしよせていへいへと仰せられ候ふ。②法敬《ほうきょう》に対し仰せられ候ふ。③信心《しんじん》・安心《あんじん》といへば、④愚痴《ぐち》のものは文字《もんじ》もしらぬなり。信心・安心などいへば、別のやうにも思ふなり。ただ凡夫《ぼんぶ》の仏に成《な》ることををしふべし。⑤後生《ごしょう》たすけたまへと⑥弥陀をたのめといふべし。なにたる愚痴の衆生《しゅじょう》なりとも、聞きて信をとるべし。当流《とうりゅう》には、これよりほかの⑦法門《ほうもん》はなきなりと仰せられ候ふ。（以下略）

（註釈版一二八九頁、聖典八八七～八八八頁）

【語註】

①さしよせて……繁雑・冗長を意味する「しげからん」の反対語。簡潔を意味する。

②法敬……法敬坊順誓のこと。蓮如上人の信頼厚い側近の弟子。上人より六歳年少。上人が住職継職前の宝徳年間から近侍し、上人滅後十一年の九十歳まで生きた。子弟や弟子たちの

間でも敬意を払われたらしく本書においても敬語が用いられている。石川県金沢市五宝町照円寺の開基。

③信心・安心……「あんじん」と読む。信心も安心も同義語として使われている。信心は『仏説無量寿経』の中に出てくる言葉で、〈信受仏心〉の意である。安心は善導大師が『往生礼讃』の中で使われた言葉。わが身の往生を疑いなく思って心を安んずることであるが、蓮如上人は、敢えて「安き心」と呼んで、誰でも獲やすい信心の意であるとも言われた。

④愚痴のもの……ここでは無知無学な者の意。いかに学識が高かろうと、凡夫はもとより愚痴を離れられないものであることをも含んだ上での言い方。

⑤後生たすけたまへ……後生をたすけてくださるとはありがたい、という歓迎の意。「いらっしゃいませ」や「おあがりなさいませ」と同じく歓迎の意を表す命令形の言い回し。請求や懇願の意ではない。

⑥弥陀をたのめ……〈たのむ〉も〈まかす〉も、古くは信の訓。〈たのむ〉は相手の意をしっかり受け取るという信受の意であり、〈まかす〉は相手の仰せによろこんで従うという信順(随順)の意である。

⑦法門……教義。

【意　訳】

蓮如上人は、「仏法は簡潔でわかりやすい言い方で述べよ」と仰せられた。法敬坊に対して仰せられるには、「信心とか安心とばかり言えば、大方の無知な人々は文字も知らないのだから、特別の、難しいことのように思ってしまう。そんな言い方は差し控えて、われわれ如き凡夫も弥陀の願力で仏になるということ一つを教えるがよい。〈このわたしの後生をおたすけくださるとはありがとうございます、と阿弥陀如来を信じなさい〉と勧めるのがよい。どのような無知無学な者あろうと、それを聞いて信を獲るであろう。浄土真宗にはこれより他の教義などないのである」と仰せられたことである。

【私　釈】

「さしよせていへ」とは、「しげからんことをば停止すべし」と対応した言い方である。繁雑冗長を避け、簡潔明快を旨《むね》とせよということである。漢語を用い、長々とした説明を施すのは、文字を知らない人々には不適切であるということである。信心を獲れば誰でも即時に往生成仏の定まった身となるという浄土真宗の基本教義を、「後生たすけたまへと弥陀をたのめ。不可思議の願力をもって弥陀は必ずたすけたもう」という言葉で簡潔に示せと教えられた。その相手の法敬坊は、上人の留守中は代役を務めるほど信頼厚かったお弟子であったと思われる。

「たすけたまへ」は、いわゆる命令形の言い回しであるが、ここでは歓迎の意味を表し、喜びの表現と見られる。祈願・請求の意ではない。

また「たのむ」は、今日いう「頼む」ではない。「信む」であり、「憑む」でもある。如来の仰せをしっかり受け取り、拠り所と仰ぐのである。『経』に出る「信受」に当たると見られる。

ところが、江戸時代中期頃には用語法の変化が起こったようで、「頼む」と取り違えられるようになったため、宗門内において深刻な混乱を生じたことがある。さらにその後には、「信順」「随順」の意で用いられていたはずの「まかす」が「任す」の意に取られるという逆転的な変化が起こった。

「たのむ」は仏意を受信することであって、「お願いします」とこちらから発信することではない。「まかす」は下位にあるわたしが上位にある仏に随従することであり、自分が上位にあって仏に任せ、命ずるのではない。「帰命」が、如来の勅命に帰依随順することであるのと同じく、仰せに従うの意である。

文字を知らない人々の目線に合わせ、わかりやすく示すために用いられた「たすけたまへ」と弥陀をたのめ」という和語表現が、日本語の用法変化によって意味不明のものとなってしまっているのである。

布教伝道上、これほど深刻な問題はないというべきであろう。

# 第一八八条

## 雑行をすてて後生たすけたまへと一心に弥陀をたのめ

一　聖人の御流《ごりゅう》はたのむ①一念のところ肝要《かんよう》なり。ゆゑに、たのむといふことをば代々あそばしおかれ候へども、くはしくなにとたのめといふことをしらざりき。しかれば、前々住上人の御代に、御文《おふみ》②を御作《おんつく》り候ひて、「雑行《ぞうぎょう》③をすてて、後生《ごしょう》④たすけたまへと⑤一心に弥陀をたのめ」⑥と、あきらかにしらせられ候ふ。しかれば、御再興《ごさいこう》の上人にてましますものなり。

（註釈版一二九〇～一二九一頁、聖典八八八頁）

【語註】

①たのむ一念……「たのむ」とは、信ずるということ、信受することである。『仏説無量寿経』巻下の初めに「その名号を聞きて信心歓喜せんこと、乃至一念せん。（中略）すなはち往生を得、不退転に住せん」（註釈版四一頁、聖典四四頁）とあるのを、「たのむ一念」と言い習わした。信心を獲ると同時に浄土往生と成仏が定まることをいうのである。

『経』にいう「信心歓喜」を「たのむ」という和語で表したのである。「信心」とは、私たちを救わずにはおかぬという阿弥陀如来の仏心を信受するという意味の語であって、いわゆる〈信ずる心〉という意味ではない点に注意が必要。「たのむ」は、如来のお心・如来の仰せを〈ようこそ、ありがとうございます〉としっかり受け取るという意味である。〈わたしの方から誰かに頼む〉ということではない。〈信む〉あるいは〈憑む〉と書くべきところである。

②御文……現在は『御文章』と呼び習わしている。

③雑行……念仏以外の行。自力の心でする覚りへ向けての修行。

④後生……どうなるかわからない「来世」と区別して、往生浄土という意味に限定して用いられる真宗独特の用語。信心を獲ると同時に往生が定まることをも含めていう。

⑤たすけたまへ……歓迎と喜びを表す命令形表現。「いらっしゃいませ」「どうぞおあがりなさいませ」と同様。「信心歓喜」を和語で表現したもの。

⑥一心に……「彼女に会いたい一心で」というのとは異なる。自分の思いを超えて、如来の仰せのままに、仰せの通りに、はからいをまじえず、の意である。

## 【意　訳】

親鸞聖人のお説きになった浄土真宗においては、信心を獲ると同時に往生が定まるということであるから、信心が何より肝要である。それゆえ、「信《たの》む」ということを歴代の本願寺住職方はお示しになってこられたのではあるが、多くの人々は、どのように信めばよいのかを詳しくは知らないままであった。そこで、蓮如上人の代には『ご文章』を著されて、「念仏以外のさまざまな行を捨てて、如来の仰せの通りに、浄土に往生させてくださるとはありがとうございます、と阿弥陀如来を信じなさい」と、明確に教えてくださったのである。それだからこそ、蓮如上人は浄土真宗ご再興の上人でいらっしゃるわけなのである。

## 【私　釈】

雑行とは、阿弥陀如来の五劫思惟による罪悪深重という診断も、これしか治療法がないと南無阿弥陀仏の薬を授けられた処方も無視して、〈自分の判断と努力こそ〉と、自惚れてする自力の行の全てを指していう。雑とは、身の程知らずの、的はずれの、ということであり、「捨てて」とは、己の分際では真実に行ずることは不可能と信知して、見切りをつけることである。

一心にとは、天親菩薩の信心表白の言葉を引いたものである。天親菩薩は、『浄土論』の初めに自らの信心を表白して、「世尊我一心　帰命尽十方　無碍光如来　願生安楽国」（このみ教えを説き残してくださった釈迦世尊に申し上げます。私はあなたの仰せの通りに、弥陀如来の願いの通りに、十方世界を照らしてさまたげられることのない光である阿弥陀如来に帰依し、その安楽浄土に往生させていただくことを喜びとして歩ませていただきます）と述べられた。これは全く自分のはからいをまじえず弥陀釈迦二尊の仰せを信受されたすがたであり、これが一心であり、他力の信心のありようであり、〈後生たすけたまへと弥陀をたのむ〉ということである。

「御再興の上人」と言ったのは誰であろうか。蓮如上人を前々住上人と呼んであるのだから、二代後の証如上人であろうか、あるいはこの『聞書』の編者であろうか。

# 第一八九条

## 善いことしたはずが逆に悪いこととなる

一　①よきことをしたるがわろきことあり、わろきことをしたるがよきことあり。よきことをしても、われは②法義《ほうぎ》につきてよきことをしたると思ひ、③われといふことあればわろきなり。あしきことをしても、心中をひるがへし本願に④帰すれば、わろきことをしたるがよき道理になるよし仰せられ候ふ。しかれば、蓮如上人は、⑤まゐらせ心がわろきと仰せらるると云々。

（註釈版一二九一頁、聖典八八九頁）

【語　註】

①よき〜わろき……善き・悪き、善き・悪しきの意。

②法義……浄土真宗の教え。

③われといふこと……我こそはという我執、自力の心。

④帰すれば……阿弥陀如来のお心に立ち戻って受け止めなおし、このような者であることはお見通

しの上で、ようこそ救わずにはおかぬと誓ってくださったことである、とあらためて阿弥陀如来の本願に帰依すること。

⑤まゐらせ心……自力の善をもって仏のお心に叶おうとする、献上的な発想。

【意　訳】

善いことをしても結果的には悪いことになる場合があり、逆に、悪いことをしたのにそれが善いことにつながる場合もある。善いことをしても、自分は法義の上で善いことをしたのだと思い、自分こそがという我執につながるとすれば、それは悪いことをしたのと同じである。逆に、悪いことをしたとしても、お恥かしやと思いを転換して弥陀の本願のありがたさ尊さに立ち戻り、あらためて深く帰依するならば、悪いことをしたことがかえって善いきっかけになる道理である、ということを仰せになった。だからこそ、蓮如上人はつねづね、自力の善をもって仏のお心に叶おうとする献上的な発想が、何より悪いと仰せられたことである。

【私　釈】

「皆人ごとによきことをいひもし、働きをもすることとあれば、真俗ともにそれを、わがよきものにはやなりて、（中略）悪しき心がかならず出来するなり」（第二一七条、註釈版一三〇五～一三〇六頁、聖典八九八頁）とある如く、善をなしたとしてもそれを我執の種にしてしまうために逆効果になるのが凡夫である。それこそが〈自力の執心〉〈まゐらせ心〉の落とし穴というものである。

　この条の背景に浮かび上がるのは、「善人なほもつて往生をとぐ。いはんや悪人をや」（註釈版八三三頁、聖典六二七頁）という『歎異抄』第三条の言葉である。思えば『歎異抄』の最も古い写本は、蓮如上人の筆になるものである。『歎異抄』の第三条を熟読吟味した上での、この言葉であったのであろう。

　これと対照させていえば、〈まゐらせ心〉とは、『歎異抄』の「自力作善」の心に当たるであろう。それはまさしく「他力をたのむこころ」の欠けた、「本願他力の意趣」に背くものである。また、〈本願に帰す〉るとは、「煩悩具足のわれらは、いづれの行にても生死をはなるることあるべからざるを、あはれみたまひて願をおこしたまふ本意、悪人成仏のためなれば、他力をたのみたてまつる悪人、もつとも往生の正因なり」（註釈版八三四頁、聖典六二七～六二八頁）と信知することに他ならない。

　それをさまたげるものが、「自力作善」のはからいであり、「われといふこと」すなわち我執であり、「まゐらせ心」である。

　煩悩具足の悪人たるわれらのすることは、善といい悪といっても、所詮は虚仮不実（そらごとたわごとまことあることなし）のものに過ぎない。ただ仰ぐべきは、それを見抜いた上で丸ごと背負いたもう弥陀の本願の広大なる真実である、ということをお示しになったお言葉である。

# 第一九三条

## 仏法は聴聞に極まる

一「至《いた》①りてかたきは石《いし》なり、至りてやはらかなるは水なり、水よく石を穿《うが》②つ、心源《しんげん》③もし徹《てっ》しなば菩提《ぼだい》④の覚道《かくどう》なにごとか成《じょう》ぜざらん」といへる古《ふる》き詞《ことば》あり。いかに不信なりとも、聴聞《ちょうもん》⑤を心に入れまうさば、御慈悲にて候ふあひだ、信をうべきなり。ただ仏法は聴聞にきはまることなりと云々。

（註釈版一二九二頁、聖典八八九頁）

【語　註】

①至りて……きわめて。
②穿つ……貫通する、穴をあける。
③心源……心の本源、心底。
④菩提の覚道……仏教の説く究極の覚り。菩提も覚も道も、覚りを意味する字句。
⑤聴聞……仏法の教えを仏陀からわが身への仰せとして聞くこと。

【意　訳】

「堅いものの代表は石であり、柔らかいものの代表は水であるが、その柔らかい水が石に穴をあけるではないか。心の底から求めてやまないならば、究極の覚りに至ることも不可能であろうはずはない」という古い言葉がある。とても信心を獲られそうにないと思っても、まこと熱心に本願念仏の法を聴聞するならば、届けずにはおかぬという弥陀の大慈悲心がはたらいていてくださるのだから、きっと信心を獲ることができる道理である。仏法というものは、聴聞ということ一つに極まるものなのである」との仰せであった。

【私　釈】

雨垂れの下の石にはついに穴があく。そういう石と水の譬えを挙げて、究極の覚りへの遥かな道も堅固なる菩提心をもって求めつづけるならば到達できないはずはないという古訓が引かれている。これは、自力聖道門にふさわしい箴言であろう。それをあえて引かれたのは、学問も修行も善根も功徳も要らぬ本願念仏の法ではあるが、「一切世間のために、この難信の法を説く」（『仏説阿弥陀経』註釈版一二八頁、聖典一三三頁）といい、「難のなかの難、これに過ぎたる難はなけん」（『仏説無量寿経』註釈版八二頁、聖典八七頁）ともいわれてあるのであって、得難い信心を獲るためには、仏法の聴聞には全てを懸ける覚悟で望めということを強調したかったからであろう。

他条にある如く、とかく〈よそごとに聞き〉〈得手に聞き〉〈売り心で聞く〉悪い癖が抜けず、あるべき聴聞態度にはなり難いのが私たちであることを考慮してのお示しでもあろう。

では、他力の信心・他力の救いとはいかなるものであったのかという問いには、〈いかに不信なりとも〉〈御慈悲にて候ふあひだ〉〈信をうべきなり〉と答えてある。〈御慈悲にて候ふあひだ〉という一句は金玉の言葉である。振り返れば、水が石に穴をあける譬えは、法蔵菩薩の五劫思惟、誓願の建立、久遠の修行を連想させるものである。

全体を通してみると、信心を我執の石にあいた穴に譬えてある点が注目される。一度あいてしまった穴は二度と塞がらない。まさしく金剛不壊の信心である。その穴から差し込むのが弥陀の光明であり、聞こえてくるのが弥陀の呼び声である。そしてその穴は我執が自ら崩壊してあいたのではない。固い石にも似た我執のかたまりである我が心に弥陀の大悲の涙が久遠劫来とめどなく注がれて、ついに聞く耳が開き、信心の穴があいたのである、ということになるであろうか。

聴聞とは、弥陀大悲の涙の当たる所に自らを据えることであり、〈籠のように、注がれた仏法もそっくりこぼしてしまう我が心だからこそ、その籠を、そっくりそのまま仏法の水に浸しておく〉（第八八条）ことでもある、と知らせてあるのである。

# 第二〇三条

## 物を申さぬは信のなきゆえなり

一　①仏法談合《ぶっぽうだんごう》のとき物を申さぬは、信のなきゆゑなり。わが心《こころ》に②たくみ案じて申すべきやうに思へり。よそなる物をたづねいだすやうなり。心にうれしきことはそのままなるものなり。寒《かん》なれば寒、熱《ねつ》なれば熱と、そのまま心のとほりをいふなり。③仏法の座敷にて物を申さぬことは、不信のゆゑなり。また油断《ゆだん》といふことも信のうへのことなるべし。細々《さいさい》④同行《どうぎょう》に寄合《よりあ》ひ⑤讃嘆《さんだん》申さば、油断はあるまじきのよしに候ふ。

（註釈版一二九六～一二九七頁、聖典八九二頁）

**【語　註】**

①仏法談合……仏法をどう受け止めたらよいかについての話し合い。

②たくみ案じて……ものの言い方を工夫して。

③仏法の座敷……仏法についての話し合いの場。

④同行……念仏の行を共にする仲間。
⑤讃嘆……仏法を聞き得た喜びについて語り合うこと。

【意　訳】

「仏法についての話し合いの座で発言をしないのは、信心がないからである。そういう人は心の中で言い方を工夫し、上手に言わなければならないとでも思っているのであろう。まるで余所にあるものを探し出そうとしているようである。心にうれしく思うことはそのままを言わずにはおれないものである。寒ければ寒い、暑ければ暑いと心に思うままを言うものである。仏法についての話し合いの場でものを言わないのは、仏法を信じられないからである。また、油断ということは、信じた上で言うことである。それも、つねづね念仏の仲間とともに集まって、仏法の尊さについて語り合っていれば、そうそう油断することもないはずである」と、蓮如上人は仰せられた。

【私　釈】

「物をいへいへと仰せられ候ふ。物を申さぬものはおそろしき」（第八六条、註釈版一二五九頁、聖典八七一頁）と、『ご文章』の拝読や法話の後を受けての讃嘆談合の席で、自分の思いを率直に述べ合うことを勧められた上人であった。「法門と庭の松はいふ（結う・言う）にあがる」（第三一二条、註釈版一三三三頁、聖典九一四頁）（仏法の聴聞は自分の受け止めたところを語ることで上達し、庭の松は剪定手入れをすることで見映えが上がるものである）とも言われた。自分とは異なる受け止め方を聞いて、お互いに聞き違いや思い違いも正され、正意に近づくからである、というわけである。

すでに第四九条に、「六人よりて談合候へば、面々にききかへられ候ふ。そのうちに四人はちがひ候ふ。大事のことにて候ふ」（註釈版一二四八頁、聖典八六四～八六五頁）とある通りである。にもかかわらず、自分がどう受け止めたかを率直に述べようとしないのは、仏法を如来から自分への仰せと聞く信心がないからであり、聞こえのいい意見を言おうという自力のはからいがはたらくからである、と容赦なく断じてある。

率直に己を語ることは、同朋同行の所見を聞こうとすることであり、仏法の真意を確かめることでもある。それなくしては如実の聴聞にならないのが、我執を抱えた我々凡夫のすがたなのだという訓戒でもあろう。

「心得たと思ふは心得ぬなり」（第二一三条、註釈版一三〇〇頁、聖典八九四頁）（これでわかったと思うのは、心得違いである）。それが油断の始まりである。しかし、信の上の油断であるならば、讃嘆談合の中で自ずから改められてゆくであろうとも示唆して、談合の大切さを強調してある。

# 第二〇五条

## 逃げるものを捕らえておくのが摂取不捨

一　①徳大寺《とくだいじ》の唯蓮坊《ゆいれんぼう》、②摂取不捨《せっしゅふしゃ》の③ことわりをしりたきと、④雲居寺《うんごじ》の阿弥陀に⑤祈誓《きせい》ありければ、夢想《むそう》に、阿弥陀の⑥いまの人の袖《そで》をとらへたまふに、にげけれどもしかととらへてはなしたまはず。摂取といふは、にぐるものをとらへておきたまふやうなることと、ここにて思ひつきたり。これを⑦引き言に仰せられ候ふ。

（註釈版一二九七～一二九八頁、聖典八九二～八九三頁）

【語　註】

①徳大寺……京都の桂川の西にある地名。唯蓮坊の住所をいうか。

②摂取不捨……『仏説観無量寿経』に、阿弥陀如来の智慧と慈悲の「光明は、あまねく十方世界を照らし、念仏の衆生を摂取して捨てたまはず」（註釈版一〇二頁、聖典一〇五頁）とあることをいう。

③ことわり……道理をいう。ここでは摂取不捨ということの意味合いを指す。
④雲居寺……京都東山にあった天台宗の寺。親鸞聖人ご生誕以前に瞻西《せんさい》上人によって安置されたという大仏阿弥陀如来像で有名であった。
⑤祈誓……仏堂に籠もって、お告げをくださいと願かけをして祈る〈参籠〉をいう。夢想のうちにお目当ての神仏が現れて、お告げの言葉を授かることを期待すること。
⑥いまの人……唯蓮坊その人をいう。
⑦引き言……引用して述べること。

【意　訳】

徳大寺あたりに住む唯蓮坊は、摂取不捨とはどういうことかを知りたいと、東山の雲居寺の阿弥陀如来に参籠して祈っていたところ、夢想の中で、阿弥陀様が現れてこの唯蓮坊の袖を捕まえ、逃げようとしても決して放してくださらなかった。それで、摂取不捨とは、逃げようとする者を捕らえて放さぬようなことであると、この時気づいたというのである。蓮如上人は法話の中でこの話を引用された。

【私　釈】

この条の出典であると見られる『蓮如上人仰条々』では、唯蓮坊ではなく、親鸞聖人よりも前の時代の、「雲居寺の瞻西上人」にまつわる逸話とされている。

真宗高田派本山専修寺に蔵する国宝『三帖和讃』（親鸞聖人真筆）の「十方微塵世界ノ　念仏ノ衆生ヲミソナハシ　摂取シテ捨テザレバ　阿弥陀トナヅケタテマツル」という和讃の左訓に、摂取の字には、「モノノニグルヲオワヘトル」、不捨の字には「ヒトタビトリテナガクステヌ」とある。〈衆生は例外もなく法にそむき真実に背を向け、如来から逃げることしか知らないのを追いかけ回して捕まえる〉そして〈一度捕まえたら決して放さない〉という趣旨の注釈である。

親鸞聖人も、この瞻西上人の故事を知っていらっしゃって、このような注釈を加えられた可能性が指摘されている。しかし、唯蓮坊の言葉だとすると、当の唯蓮坊がこの故事を知っていたかどうかはわからない。

それよりも、はるか後世、因幡の源左と呼ばれた篤信の門徒が残した言葉が思い起こされる。隣家の納屋の二階で猫が数匹の子猫を産んだ。子猫たちは少し大きくなると階段を降りて下の土間を駆け回る。それでは危険とばかり、親猫は子猫たちを追いかけ回して、ひっくわえては二階に上がり、ひっくわえては上がりを繰り返すのだが、彼は「さすが親じゃ。一度も落としたのを見たことがない」と言ったという。これは全く摂取不捨の理を譬えたものに他ならず、他力の救いのありようを示すもので、親鸞聖人の左訓《さくん》の趣旨そのままである。

しかし、源左さんは、専修寺の秘蔵する『御和讃』の親鸞聖人の左訓など知るよしもなかったはずである。信心の行者の炯眼《けいがん》おそるべし、である。それを思えば、唯蓮坊の夢の中の発見も、瞻西上人の故事と結びつけるまでもないかもしれない。それよりも、同じく親鸞聖人の左訓をご存じなかったはずの蓮如上人が、この話をしばしば引用されたという、その識見の確かさに注目すべきであろう。

# 第二一三条

## 心得たと思うは心得ぬなり

一 おなじく仰せにいはく、①心得《こころえ》たと思ふは②心得ぬなり、心得ぬと思ふは心得たるなり。弥陀の③御《おん》たすけあるべきことのたふとさよと思ふが、心得たるなり。少しも心得たると思ふことはあるまじきことなりと仰せられ候ふ。されば『④口伝鈔《くでんしょう》』にいはく、「されば⑤この機《き》のうへに⑥たもつところの弥陀の仏智を⑦つのらんよりほかは、凡夫《ぼんぶ》いかでか⑧往生の得分《とくぶん》あるべきや」といへり。

（註釈版一三〇〇頁、聖典八九四頁）

**【語　註】**

①心得たと思ふ……自分の知解をもって、仏法のおおよそがわかったと思うこと。

②心得ぬ……本当に受け止めることができてはいないということ。

③御たすけあるべきことのたふとさよ……弥陀は必ずお救いくださるにちがいないと受け止めて、喜ぶこと。

④『口伝鈔』……本願寺創立者、第三代覚如上人が、親鸞聖人以来の伝承をまとめられた著書。

⑤この機……如来の仰せをこうむるこの身ということ。法を受け取る人を指す。

⑥たもつところの弥陀の仏智……これまで受け取り仰いできた阿弥陀如来の真実の智慧、おはからい。

⑦つのらん……ひとえに信ずる。

⑧往生の得分……往生成仏させてただくという分不相応なまでのご利益。

**【意　訳】**

蓮如上人は仰せられた。「これで仏法というもののおおよそはわかったなどと思うのは大間違いで、まだ仏法が受け取れていないのである。逆に、愚かなこのわたしの頭でわかるような如来の真実ではなかったと思うのが、少しは仏法が受け取れたすがたである。弥陀は必ずお救いくださる、何と尊いことだと喜ぶのが、真に仏法が受け取れたすがたなのである。少しでも仏法がわかったなどという思い上がりがあってはならない」との仰せであった。だから、第三代覚如上人の『口伝鈔』には、「如来の仰せを被って、この身に受け取らせていただいている弥陀の広大無辺の智慧の結晶である南無阿弥陀仏をただひとえに信ずるよりほかに、愚かな凡夫が往生成仏という広大なご利益を得る道が何処にあろうか」と示されているのである。

## 【私　釈】

頭でわかるということと、わが身に受け止めるということには違いがある。信ずるとは、わかるとかわからぬということとは違う。阿弥陀様なればこそ、ようこそと受け止め、喜び尊ぶことが信ずるということなのである。〈わかった〉などと思うのは、ただの思い上がりに過ぎない、と戒めてある。わが知恵ではなく、弥陀の仏智をこそ信じるのだ、と押さえてある。

〈隣で蔵が建てば家では腹が立つ〉という。人の心は親鸞聖人が仰せられた通り自己中心的であり、虚仮不実である。事の縁に従いコロコロと何処へ転がるかわからない危うさを持っている。そのような凡夫の分別で、如来の大いなる真実はつかめない。わかった積りが的はずれ、むしろわたしの浅知恵ではわかりようのない、広大な真実が本願念仏の教え、南無阿弥陀仏の名号となってこのわたしに呼びかけていてくださったのだと受け止めることこそが、正しい受け止めというべきものであると示されてある。

かつて年寄りは、〈わからんでもよいのだ〉〈むしろわからんところがありがたいのだ〉と言った。少年だった私は、〈そんな馬鹿な、そんないい加減な、そんな無茶苦茶な〉と反発したものである。しかし今は、その通りと頷かずにはいられない。

仏教の開祖釈迦如来の覚られた不滅の「法」は、言葉で表し難く、心で理解し難いものであるが、同時に万人を照らす光であり、安らぎと勇気の源でもある。それを、とらわれ深い私たち凡夫にも受け取れるようにと、阿弥陀如来の不滅の誓願が説かれ、南無阿弥陀仏の名号が説かれ、信心が勧められたのである。〈われらの心を超えた大いなる真実からこのわたしに、ようこそ〉と、受け取る他はなかったのである。

# 第二三六条

## 法の威力にて

一　前々住上人仰せられ候ふ。①仏法者には②法の威力《いりき》にて成《な》るなり。威力でなくは成るべからずと仰せられ候ふ。されば仏法をば、③学匠《がくしょう》・物しりは④いひたてず。ただ⑤一文不知《いちもんふち》の身も、信ある人は仏智を加へらるるゆゑに、仏力《ぶつりき》にて候ふあひだ、人が信をとるなり。このゆゑに⑥聖教《しょうぎょう》よみとて、しかも⑦われはと思はん人の、仏法をいひたてたることなしと仰せられ候ふことに候ふ。ただなにしらねども、⑧信心定得《しんじんじょうとく》の人は⑨仏よりいはせらるるあひだ、人が⑩信をとるとの仰せに候ふ。

（註釈版一三〇八頁、聖典八九九～九〇〇頁）

【語　註】

①仏法者……ここでは仏法の尊さを知った人ということ。信ある人と同義。

②法の威力……仏法そのものに具わるすぐれた影響力。

③学匠・物しり……学者や教養人。

④いひたてず……仏法の尊さを鮮やかに述べ伝えて世に広めることなどない。
⑤一文不知……文字一つも読めない無学の人。
⑥聖教よみ……聖教を読んで聞かせる立場の人。坊主たちをいう。
⑦われはと思はん人……われこそはと、自らの学識を誇る人。
⑧信心定得……信心決定とも信心決得ともいう。信心を確かに獲得したこと。
⑨仏よりいはせらるる……如来の真実に促されての発言をする。
⑩信をとる……信心を獲得する。仏心を受信する。如来の真実を聞き獲る。

**【意　訳】**

蓮如上人は仰せられた。「仏法の尊さを知った人になるのは、仏法の真実そのものの持つ威力によってなるのである。本人の学識や経験など他のものの力でなれるものではない。だから、未だかつて学者や物知りが仏法の尊さを称揚したことはないのである。一字も読めなくても、信心のある人は、如来の智慧のはたらきを被るゆえに、仏力の加護によって、その人の言うことを聞いて他の人が信を獲るのである。こういうわけで、人前で聖教を読んで聞かせる身分であっても、われこそはと思い上がった人が、仏法を隆盛にみちびいたためしはないのである。何も知らなくても、確かに信心を獲た人は、如来の真実にもよおされてものを言わせていただくのだからこそ、聞く人々が信心を獲るのである」と仰せられたことである。

【私　釈】

仏法は人間本意の哲学や思想の類とは一線を画するものである。〈阿弥陀如来なればこそ、このわたしに、ようこそ〉と阿弥陀如来の願心を信受する信心一つが決定的に重要で、知識や才覚は不要である。学識・経験は邪魔にはならぬはずであるが、同時にまた大して足しにもならないというのが仏法の世界である。

人間の思惑を超えた法の真実からの語りかけに耳を開くばかりである。耳を開いて聞き得た人、信心を獲た人のみが、仏法を称揚するに足る。仏法にはプロはいない。誰もが初心のアマチュアであるのが本当である。プロ面する人が仏法を称揚したためしなど、あろうはずもない。そういう示唆である。

# 第二三七条　弥陀をたのめば南無阿弥陀仏の主になる

一　弥陀をたのめば①南無阿弥陀仏の主《ぬし》②に成《な》るなり。南無阿弥陀仏の主に成るといふは、信心③をうることなりと云々。また、当流④の真実の宝《たから》といふは南無阿弥陀仏、これ一念⑤の信心なりと云々。

（註釈版一三〇九頁、聖典九〇〇頁）

**【語　註】**

①たのめば……〈たのむ〉は、信という字の古い訓。しっかり受け取るということ。弥陀の御心を信受（受信）すればの意である。阿弥陀如来がこのわが身にかけてくださっているお心をしっかりと受け取ればということ。今日の用法の、こちらから〈頼めば〉の意ではない。〈信ずる・たのむ〉は、今日言う〈頼む・祈る〉とは、主客も方向も逆である。〈弥陀からわたしに〉と受け止めるのであって、〈わたしから弥陀に〉発信するのではない点に注意。名号南無阿弥陀仏は、元来、弥陀からわたしに発信されたものであり、

それを受信したわたしが、ようこそと喜んで称える主体となることを、「主になる」と言われたのである。

②主になる……所有者になる、主体になる、主役になるということ。

③信心……仏を信ずる衆生の心ではなく、仏の御心を衆生が受信すること、すなわち〈仏心を信受する〉という意。

④当流……法然聖人から親鸞聖人へと伝授され、本願寺に伝承された浄土真宗。

⑤一念の信心……二心なく疑いをまじえない、如来の仰せのまま、お心のままを信受し、己のはからいを離れたこと。〈一心の信心〉というに同じ。

【意　訳】

「わが身にかけてくださってある阿弥陀如来のお心をしっかり受け取れば、南無阿弥陀仏の名号の主になる。主になるというのは、信心を獲るということである」との仰せであった。また、「浄土真宗においての真実の宝というのは、南無阿弥陀仏であり、これこそが二心なく疑いをまじえない信心の本体である」とも仰せられた。

【私　釈】

弥陀をたのむとは、弥陀を信ずることであり、弥陀から授かった南無阿弥陀仏の主になることである。信心の本体は南無阿弥陀仏である。阿弥陀如来は、その真実の全てを南無阿弥陀仏に込めて、それをこのわたしのものにさせようとお与えくださったのであるから、浄土真宗においては、この南無阿弥陀仏こそが真実の宝である。弥陀をたのむとは、このわたしを真実の宝である南無阿弥陀仏の主にさせようとしていてくださっていたのが阿弥陀如来であった、と受け取らせていただくことに他ならない。

母の乳房から出る乳の主は赤子である。乳が出るようになったから子を産んだわけではない。子が生まれたから乳が出るようになったのである。子の命にもよおされて出た、子のための乳だったのである。その乳は母の全生命の精髄であり、子の血肉となるために出たものである。まさしく命をはぐくむ「真実の宝」と呼ぶべきものである。

それと同様に、南無阿弥陀仏の名号は阿弥陀如来の真実、本願力の精髄であり、衆生の信心となって血肉化し、往生の正しき因となるためにこそ、こぼれ出たものである。阿弥陀如来の御胸から流れ出た乳に譬えられるべきものである。

その名号南無阿弥陀仏を、「お母さんよ」という母の名乗りにも似て、〈この我への　親からの名乗り〉と受け止めたものこそが、南無阿弥陀仏の主となるのだというのである。

子が生まれる前から親だった者はいない。既製品の親はいないのである。男と女の間に子が生まれ、その子の幼さにひかれて、女は母親に、男は父親になろうとする。子によって親になった子のための親であり、子ども一人ひとりの命に応じてのお誂えの親なのである。何という命の不思議であろうか。

〈親はなくても子は育つ〉という。捨て子は誰かが拾って親になってくれる。親の役を果たす者が必ず現れるという。それが人間的本能であるからということであろうか。

それと同様に、十方三世の諸仏にも、成仏の見込みなしと見捨てられた罪悪深重の衆生たるわたしたちのために、われこそ救い主になろう、親になろうと現れてくださったのが、摂取不捨の阿弥陀如来であった、と『浄土三部経』に説かれてある。親鸞聖人はこれを「弥陀の誓願不思議」と讃えられたのである。『ご文章』にも、その趣旨が説かれてある。

親はなくても子は育つが、親の方は、その子を亡くしてしまえばもう親ではなくなるのである。子あっての親である。子が主役である。それと同様に、迷いの衆生一人ひとりのために救い主となろうと立ち上がってくださったのが阿弥陀如来であったのである。それゆえ、迷い苦しみ多き人間のために仏法はある。仏法のために人間がいるのではないと言わねばならない。〈このわたしこそが主役〉の浄土真宗であったのである。

阿弥陀如来からこのわたしたち一人ひとりへの名乗りの声として、南無阿弥陀仏は届けられていた。このわたしたち一人ひとりこそが、その南無阿弥陀仏の主となるべき如来のお目当てだったのであるという。このことを聞き取り、信受するのが、信心を獲るということであった。それゆえ、南無阿弥陀仏こそが信心の当体であり、浄土真宗における究極の拠り所、真実の宝である、と押さえてある。わたしたちの思いもはからいも、まとめて吹き払うようなお言葉である。

# 第二四二条
## 五劫思惟の本願に同心する

一　①思案《しあん》の頂上《ちょうじょう》と申すべきは、弥陀如来の②五劫思惟《ごこうしゆい》の③本願にすぎたることはなし。この④御思案《ごしあん》の道理《どうり》に⑤同心《どうしん》せば、仏に成《な》るべし。同心とて別になし。⑥機法一体《きほういったい》の道理なりと云々。

（註釈版一三一一頁、聖典九〇一頁）

**【語　註】**

①思案の頂上……この上はない程の深く果てしない思案。

②五劫思惟……一劫（梵語カルパの音訳）は時間の単位。比喩をもってしか表せない極めて長い時間をいう。思惟は思案に同じ。

③本願……阿弥陀如来がまだ修行中の身、法蔵菩薩であった昔に立てられた四十八ケ条の誓願。中でも第十八条の信心を与えて救おうという誓願を指していう。

④御思案の道理……思案の趣旨。逃げ背こうとも耳から入る南無阿弥陀仏の声となって衆生の心中

に飛び込み、信心となって宿りはたらいて救おうという誓いにたどり着いてくださった御思案の内容。

⑤同心……お見通しの通りのこの身でございます。そんなわたしを、ようこそ救おうと立ち上がってくださいました、と受け取ること。同意すること。喜んで従うこと。

⑥機法一体……衆生（機）に南無と信受させて、救い取る阿弥陀仏（法）であることを一体として表したのが、南無阿弥陀仏の名号であることをいう。

【意　訳】

思案の究極というべきものは、阿弥陀如来が法蔵菩薩のいにしえに五劫を費やしての思惟の果てに立てられた本願であり、これを越えるものはない。この御思案の趣旨に同意し、お従い申せば、誰でも浄土に生まれ仏となることができるのである。同意しお従い申すといっても別にはない。衆生（機）に南無と信受させて、救い取る阿弥陀仏（法）であることを一体として表してくださったのが、南無阿弥陀仏の名号であり、それこそが五劫かけての弥陀如来の御思案の結論であったということを、ようこそこのわたしのために、と受け取らせていただくばかりである。

【私　釈】

われわれの思案など邪魔にもならぬが足しにもならない。われわれの思案の不行き届きな分までも、われわれに代わって考え尽くしてくださった、五劫思惟の本願であったのだという。

その思惟の結論は、いかなる罪悪深重の者も、南無阿弥陀仏を聞かせ、信じさせて救おうという本願に示されている。その結論を〈このわたしのためにようこそ〉と同意して、〈はい、喜んで〉とお従い申せば、往生成仏を遂げることができるという。

同意し、お従い申すといっても、他ではなく、南無と信受する機と、それを必ず救う阿弥陀仏の法とを一体に表した南無阿弥陀仏の名号を信ずるばかりであると、念を押してある。

要は、とかくの思慮・はからいや疑いを捨てて、機法一体の名号を信ぜよということである。〈信心とは、自分の心のあり方をいうのではなく、弥陀のお心に同心することだ〉という押さえ方が、注目すべきところである。まさしく他力の信心なのである。

# 第二九三条

## 開山は御同行・御同朋と御かしずき候

一 ①前住上人仰せられ候ふ。②御門徒衆《ごもんとしゅう》をあしく申すこと、ゆめゆめあるまじきなり。開山《かいさん》は③御同行《おんどうぎょう》・御同朋《おんどうぼう》と御《おん》④かしずき候ふに、⑤聊爾《りょうじ》に存《ぞん》ずるは⑥くせごとのよし仰せられ候ふ。

（註釈版一三二八頁、聖典九一一頁）

【語　註】

①前住上人……実如上人のこと。実如上人は蓮如上人の五男。本願寺第九世を継職した。温厚篤実の人であったと伝える。

②御門徒衆……親鸞聖人のお弟子方という意味。門弟・門下・門人といい、学徒・生徒・徒弟というごとく、門も徒も弟子を表す語である。坊主やその家族も門徒の一員には違いないが、それらと区別して一般の真宗信者を門徒と呼ぶ。今、上人は、門徒こそ、御開山親鸞聖人の直弟子と尊ぶべき方々だと強調したいのである。

③御同行・御同朋……同行は、念仏の行を共にする仲間、同朋は同じ師に学ぶ同門の仲間の意であるが、こちらは、知識（師匠的立場）に対する弟子の分際を表したと見られる。「御」の字を冠して、親鸞聖人が用いられた「御同行」という用例が『御消息』第三九通に見られるが、これは御自分の直弟子ではない孫弟子、すなわち随信房の同行を指して敬語の「御」を冠して呼ばれたものである。また、唯円房の『歎異抄』後序に出る「御同朋」は、唯円房にとって師である親鸞聖人の同朋に当たるゆえに敬語の御を付したものであって、親鸞聖人が自らのお弟子方を、「御同朋」「御同行」と呼ばれた例はない。しかし、蓮如上人は、『御文章』一帖目第一通において、「聖人は「御同朋・御同行」とこそ、かしづきて仰せられけり」（註釈版一〇八四頁、聖典七六〇頁）と、強い意志を込めて言明された。実如上人はそれを継承して言われたのである。

④かしづき……大切に世話をして育て守る。仕えるが如くお守りをする。

⑤聊爾……いい加減なこと、失礼なこと。

⑥くせごと……道理に背くこと、けしからんこと。

【意訳】

前住上人は仰せられた。御門徒の方々を悪く言うことなど決してあってはならぬことである。ご開山親鸞聖人は、御同行・御同朋とお呼びになって大切にお仕えになったことであるのに、粗末に心得ることは大きな間違いである、とのことであった。

【私釈】

門徒とは、釈迦如来・法然聖人・親鸞聖人の直弟子という意味である。そしてそのような呼称は、阿弥陀如来の本願の前には、一人ひとりの門徒こそが正客であり、浄土真宗の教えを担う主役である、との受け止めに立つものであることの証左でもある。

それに対して、師匠的な役割を担う坊主たちは、蓮如上人の用語では、「聖教読み」であるが、他の条々を見ると、同時に「仏法を言い立てたることはなく候ふ」という存在に過ぎないと断ぜられてある。逆に「文字をも知らぬ在家の尼入道のたぐいの、有り難や尊やというのを聞きて、人が信を獲る」のだと強調されてある。

このことは、門徒衆にかしずき、聖教を読み聞かせ、法要を勤める坊主は、なくてはならない存在に違いはないが、だからといって、坊主主導の宗門であってはよろしくないのであって、あくまでも、門徒が主役の宗門であるのが浄土真宗の本来の姿である、との識見を示すものであると見られる。

# 第三〇七条

## 宿善、花開くに遅速あり

一　①陽気《ようき》・陰気《いんき》とてあり。されば陽気をうる花ははやく開くなり、陰気とて日陰の花は遅く咲くなり。かやうに②宿善《しゅくぜん》も遅速《ちそく》あり。されば③已今当《いこんとう》の往生あり。弥陀の光明《こうみょう》にあひて、はやく開くる人もあり、遅く開くる人もあり。とにかくに、信不信《しんふしん》ともに仏法を④心に入れて⑤聴聞《ちょうもん》すべきなりと云々。已今当のこと、前々住上人仰せられ候ふと云々。昨日《きのう》⑥あらはす人もあり、今日《きょう》あらはす人もありと仰せられしと云々。

（註釈版一三三一～一三三二頁、聖典九一三頁）

**【語　註】**

①陽気・陰気……仏法の受容についても人それぞれに個性があり、信を獲るにも、縁次第で遅速があることを示す。誰もが弥陀の願力によって信を恵まれて往生を遂げるはずではあっても、その時期には自ずから違いがあるということを示す。

②宿善……宿世（過去世）に積んだ善根（内実は如来の育成のはたらき、すなわち本願他力）が、芽を吹き花開いて、信を獲るよき縁となること。宿善開発して信を獲るという言い方をする。「宿善の有無」という言葉も『ご文章』に出てくるが、この場合は、〈聞く気があるかないか〉というほどの意味。

③已今当……『仏説阿弥陀経』にある「もしはすでに生れ、もしはいま生れ、もしはまさに生れん。〈若已生、若今生、若当生〉」（註釈版一二七頁、聖典一三三頁）をうけた言葉。浄土往生の時期について、過去と現在と未来との三種の人がいるということ。

④心に入れて……熱意をもって。

⑤聴聞……聴はきき取ろうとすること。聞は自ずから聞こえてくること。

⑥あらはす……宿善が顕在化して往生の因たる信心を獲ること。

## 【意　訳】

「陽気・陰気といって、花の開花時期にも違いがあるものである。陽の気を受ける日向の花は早く開き、陰の気に包まれる日陰の花は遅く開くものである。これと同様に、宿善のはたらきが開花して信心を獲るについても、遅い人もあれば早い人もある。それで、すでに往生した者、今往生しようとしている者、これから将来に往生する者という違いが生ずるのである。阿弥陀如来の光明に照らされること多い陽の気を受けて早く宿善の開ける人もいれば、逆に遅く開く人もあるのである。しかし、どちらにしても、信心を獲た者も、まだ得ていない者も、ともに熱意をもって聴聞することが何より肝要である」と仰せられた。上人は、已・今・当の往生ということについて、このように仰せられたという。「昨日、宿善開発を顕した人もあり、今日顕す人もあり、(また明日顕す人もあるものだからだ)」との仰せであったという。

【私　釈】

宿善は過去からの宿縁、それが花開いて信心を獲ることが往生の正因、この信心獲得に過去・現在・当来という時期の違いがあるから、果としての往生にも已・今・当の往生ということが説かれてあるのだ、と解説をなさったというのである。

遅速の違いはあっても、いずれも往生を遂げさせずにおかない弥陀の誓いに変わりはないのだから、自分がどちらであるかを詮索する必要はなく、如来の御はからいに従うばかりである。それよりも、聴聞に熱を入れて一日も早く信を獲ようと努力することこそ肝要、と励ました言葉である。宿善といい、光明によるお育てといっても、仏法聴聞による影響を指すに他ならないからであろう。

しかし、熱心に聴聞したからといって、それだけ早く信心が獲られるというものではない。信が獲られるかどうかには、本人の意志や努力や思い計らいを超えたものがあるのである。それを先人たちは、如来の光明のお育てといい、宿善の作用がかかわっているからだ、と言い伝えてきたのである。

だからであろうか、「聴聞を心がけてのうへの宿善・無宿善ともいふことなり。ただ信心はきくにきはまることとなる」（第一〇五条、註釈版一二六五頁、聖典八七四頁）と示し、「仏法は大切にもとむるよりきくものなり」（第一二九条、註釈版一二七三頁、聖典八七八頁）と説く一方で、〈宿善まかせ〉という言葉も見られるのである。

それは、「われ、死ねといはば、死ぬるものはあるべく候ふが、信をとるものはあるまじき」（第二八二条、註釈版一三二四頁、聖典九〇九頁）とあるように、善知識と仰がれた蓮如上人にも越え難い人間の力の限界であり、釈尊すら「世間難信の法」と仰せられざるを得なかったところである。他力の御もよおし、お育てによらねば開かぬ、信の花である。それはまた、「宿善の花は内側からしか開かぬ」と言い習わされたように、外側からの強制を許さぬ個人の主体性、個性の尊厳を意味するものでもある。

よく聴いて信を獲たいと励んでも、機が熟さねば聞こえないという。己の思いが先に立ち過ぎては、かえって心の耳を塞ぐことになるからであろう。だからであろうか、昔の人は、「あわてずじっくり聴きなされ」と言い習わしたものである。

# あとがき

著者が『蓮如上人御一代記聞書』に関心を持つようになったのは、故藤沢量正師の影響による。昭和五十一年（一九七六）の四月から七月にかけて、浄土真宗本願寺派の伝道院住職課程という講座の百日間研修を受講した際、師の講義の中にしばしば引用される『聞書』の言葉に強い印象を受けた。ちなみに、師の著書が聖典セミナー『蓮如上人御一代記聞書』（一九九八年発行）として、本願寺出版社から出ていることをご紹介しておきたい。師はその該博な智見に照らして、『聞書』に示された普遍的真理に焦点を当てられたように思われる。

以後著者は折りにふれて、『聞書』を読み返すようになったのではあるが、現代語とはかなり差のある室町時代の言葉遣いに戸惑ったこともあって、その趣旨がよくは摑めないことが多かった。しかし、一九八八年に『浄土真宗聖典』注釈版が刊行され、さらに一九九九年に現代語版の『蓮如上人御一代記聞書』が刊行されると、難解だった部分も格段に理解し易くなり、以後ますます愛読するようになった。その中で、歳を重ねたせいもあってか、それまで以上に深い感銘を覚えることが多くなってきた。

この二、三年は、布教教材として取り上げたいと思い、布教原稿に載せることが多くなった。原稿を書き重ねるうち、ますますこの語録の内容に魅了された結果、自分の感動を世の諸賢にもぜひ共有してもらいたいという思いが強くなり、出来ばえには自信などはないが、原文の秘める威力ゆえに、喜んでもらえるのではないかと考えて、上梓することにしたのである。

本書で取り上げたのは、浄土真宗本願寺派に伝承する『蓮如上人御一代記聞書』全三百十四条のうち五十七箇条に過ぎず、取り上げなかった条々に後ろ髪引かれる思いは残るが、著者の能力の限界としてご寛恕いただきたい。

出版を前に、豊原大成先生に草稿をご高覧いただいたところ、ご多忙の中にもかかわらず、綿密微細に点検していただき、多くの部分に修正や注記の書き入れまでも賜った。深謝に堪えないことである。

さらに最終校正に当たっては、長年高校で国語教師をしてこられた山本知都子氏に、これまた綿密な点検・校正をしていただいた。末筆ながら深く謝意を表したい。

さらに、文章表記に不備の多い原稿に多くの手数をかけて整備して、最終稿まで導いてくださった法藏館編集部の満田みすず氏にも心から御礼申し上げたい。

合　掌

二〇二〇年盛夏

岡西法英

著者略歴
岡西法英（おかにし　ほうえい）

1947年、富山県高岡市に生まれる。
1971年、早稲田大学文学部東洋哲学科卒業。
1974年、龍谷大学大学院文学部仏教学科修士課程修了。
浄土真宗本願寺派教願寺住職。
浄土真宗本願寺派布教使。
元、浄土真宗本願寺派高岡教区教化相談員。

私釈　蓮如上人御一代記聞書

二〇二〇年一〇月二五日　初版第一刷発行

著　者　岡西法英
発行者　西村明高
発行所　株式会社　法藏館
京都市下京区正面通烏丸東入
郵便番号　六〇〇-八一五三
電話　〇七五-三四三-〇〇三〇（編集）
〇七五-三四三-五六五六（営業）

装幀者　大杉泰正
印刷　立生株式会社／製本　清水製本所

ISBN 978-4-8318-8782-5 C1015